tapas series
따 빠 스 시 리 즈

스페인에 대한
작고 다양한 이야기를 모읍니다.

1 그때 나는
이 도시와
사랑에
빠졌다

SALIDA

- 이 책은 <한글 맞춤법>과 <표준어 규정>을 표기의 기준으로 삼았으나, 글쓴이의 의도를 잘 표현하기 위하여 비표준어나 인터넷 용어 등을 일부 사용하였습니다.

- 외래어/외국어도 <외래어 표기법>을 기준으로 표기했으나 스페인어 단어의 경우 원어의 발음에 가깝게 표현한다는 원칙을 가지고 파열음을 된소리로 표기하되, 흔히 사용되는 표현이 있을 경우 그 표현을 사용하였습니다.

그때 나는 이 도시와 사랑에 빠졌다

이진희 • 정주환 • 구민정 • 김호영 • 어다은
바씰 • 가울 • 이현수 • 더드로잉핸드 • 아윤 이네스

"왜 '스페인책방'을 열었어요?"
"제가 스페인을 너무 좋아해서요."
"스페인이 뭐가 그렇게 좋아요?"
"음… 그게 말이죠…"

스페인책방을 운영한 지 벌써 7년이 넘었습니다. 그동안 수없이 들은 질문이지만, 이 질문에 명료하게 답하는 것은 여전히 저에게 어려운 일입니다. 그리고, 책방에 오시는 분들에게는 그게 여전히 의문스러운가 봅니다.

시작은 가우디였습니다. 스페인의 건축가(아니 예술가라고 해야 할까요…), 유네스코 세계문화유산에 작품이 일곱 개나 등재된 사람, 까사 밀라, 까사 바뜨요, 사그라다 파밀리아 등 유일무이한 작품들을 남긴 그 사람, 안토니 가우디요. 고등학생 때 동네 서점에서 우연히 발견한 가우디 책 덕분에 가우디를 알게 되었습니다. 그에 대한 관심은 자연스럽게 바르셀로나와 스페인으로까지 넓어졌지요. 전혀 관심도 없고 알지도 못했던 먼 나라 스페인을 한 권의 책을 통해 만나게 되었던 거죠. 이렇게 살게 될 줄은 몰랐지만 지나고 나서 돌아보니 책방지기가 된 것이 어쩐지 운명처럼도 느껴집니다.

스페인은 알면 알수록 매력적인 곳이었어요. 언어와 문화, 그

땅과 사람들이 가진 아름다움과 다정함 덕분에 점점 더 스페인을 좋아하게 되었습니다. 그런데 좋아하는 이야기들을 모으다 보니 조금 아쉬웠어요. 스페인의 작은 부분만 반복되어 소개되는 것도 아쉬웠지만, 무엇보다 그 수가 너무 적었습니다. 스페인을 조금 더 흥미롭고 매력적으로 소개할 수 있는 책이 있지 않을까? 이런 생각을 하다 우리가 직접 만들어보기로 했습니다. 스페인에 대한 책을 스페인책방이 안 만들면 누가 만들겠어요?

그렇게 따빠스 시리즈가 탄생했습니다. 따빠스는 스페인의 음식 문화입니다. 특정한 하나의 음식을 말하는 것이 아니라 접시에 조그맣게 담겨 나오는 요리, 바게트 위에 다양한 재료를 올린 것, 여러 재료를 꼬치로 꽂은 것 등을 크게 모두 따빠스라고 부를 수 있습니다. 우리는 스페인에 대한 작고 다양한 이야기를 책 속에 모읍니다. 이 책 속 스페인이 여러분에게도 따빠스처럼 다채롭고 맛있게 느껴지기를 바라면서요.

첫 책에는 스페인에 대한 사랑을 담았습니다. 스페인의 주요 도시 열 곳을 고르고, 각 도시를 생각하면 떠오르는 친구들에게 글을 요청했습니다. 저 혼자 대답하기 어려웠던 질문에 친구들이 함께 답해줄 거예요. 스페인이 뭐가 그렇게 좋은지에 대해 이 책이 답이 되기를 바랍니다.

- 스페인책방의 모든 것, 에바

Madrid
마드리드, 나의 과거이자 현재 ● 09

Barcelona
내 자리가 있는 도시 ◆ 21

Valencia
넘실대는 불꽃과 파도 속에서 ● 33

Sevilla
세비야라는 느긋한 리듬 ◆ 51

Málaga
365일 중 300일이 맑은 말라가에 삽니다 ● 63

Toledo
똘레도, 사랑에 빠지는 순간 ◆ 73

Granada
사랑하는 나의 그라나다 ● 85

Córdoba
우연히, 하지만 운명처럼 ◆ 97

Bilbao
빌바오, 천천히 걸을수록 선명해지는 ● 109

San Sebastián
그리고, 뻰초바를 열었다 ◆ 121

차 례

마드리드, 나의 과거이자 현재
Madrid

이진희
@ all_about_spain

2013년, 용감했던 그 시절 단 한 번의 스페인 여행이 삶의 방향을 바꿨다. 여행 직후 사직서를 내고 스페인으로 돌아가 가이드로서 새로운 인생을 시작했다. 금사빠인 줄 알았으나 찐사랑이었고, 그 사랑이 계속 이어져 현재까지도 한국에서 스페인 인문학 및 여행 전문 강사로 활동 중이다. 강의를 듣는 누구나, 아니 대한민국 사람 모두가 스페인을 사랑하게 되길 꿈꾸고 있다.

2020년, 오랜 스페인 생활을 마치고 한국에 돌아온 나는 현재 스페인의 예술과 역사, 그리고 스페인 사람들의 이야기를 전하는 강사로 활동하고 있다. 공공기관, 기업체 연수원, 도서관 등에 출강을 나갈 때면 수강생들에게서 듣는 단골 질문이 몇 가지 있다. "스페인은 어느 계절에 여행하는 게 가장 좋은가요?" "스페인에 정말 소매치기가 많은가요?" "스페인에 가면 꼭 봐야 하는 것이 무엇인가요?"

 이와 더불어 빠지지 않는 질문은 "스페인에서 가장 좋아하는 도시가 어디인가요?"다. 이 질문을 받을 때마다 바르셀로나, 꼬르도바, 비고, 그라나다, 빌바오, 엘시에고 등 스페인의 여러 도시에서 울고 웃었던 추억들이 마치 파노라마처럼 순식간에 머릿속을 스친다. 하지만 언제나 나의 답은 한결같다. "마드리드요."

 나는 늘 생각한다. 내가 언젠가 스페인으로 돌아가 다시 삶을 시작한다면, 그곳은 마드리드가 될 것이라고.

내가 현지 여행사에서 근무할 때, 한국인이 가장 사랑하는 도시답게 바르셀로나에는 가장 많은 가이드 인력이 배치되어 있었다. 그 덕분에 나는 종종 나를 찾아오던 한국과 가족에 대한 향수를 잊고 동료들과 복닥거리며 지내고 있었다. 그러던 어느 날 내게 떨어진 청천벽력과도 같았던 지시, '마드리드 발령'. 하루에 2만 보 이상 걸으며 10시간의 투어를 진행하는 내내 멘트를 쉴 수 없다는 그 험난한 마드리드, 동료 가이드 없이 홀로 모든 것을 해결해야 한다는 그 외로운 마드리드, 여름에는 투어 마이크를 내던지고 싶을 만큼 무덥고, 겨울에는 폭설로 인해 버스 바퀴에 체인을 감고 다녀야 한다는 그 마드리드….

수년 전 스페인으로의 이민을 결심하고 비행기를 타던 날처럼 걱정과 불안으로 다시 한 번 커다란 캐리어를 채우고 마드리드행 렌페Renfe*에 탔던 날을 지금도 생생히 기억한다. 바르셀로나의 동료 가이드들이 써준 편지와 직접 제작해 준 영상을 보며 어찌나 눈물 콧물을 흘렸던지 옆자리에 앉았던 승객이 두 차례나 휴지를 건넸다. 그 정도로 새로운 도시 마드리드에 대한 막막함과 떠나온 도시 바르

---

* Red Nacional de Ferrocarriles Españoles 스페인 국영 철도

셀로나에 대한 미련이 뚝뚝 넘쳐흘렀었다.

하지만 마드리드에 도착한 이튿날부터 나는 독해질 수밖에 없었다. 앞으로 투어에서 만날 손님들에게 마드리드 초짜(?)라는 느낌을 주고 싶지 않았으니까. 그래서 내가 생각해낸 방법이라는 게 대단히 거창한 건 아니었다. 그저 마드리드 이곳저곳을 걷고 또 걸어보는 것. 지하철 노선도와 주요 역 주변 지리에 익숙해지고 싶어 하염없이 역 주변을 맴돌았고, 일부러 스타벅스나 팀홀튼과 같은 대형 커피 체인 대신 서울의 성수, 합정이라 할 수 있는 추에까Chueca, 라바삐에스Lavapiés 주변의 로컬 카페와 편집숍을 찾아다녔다. 빠듯한 월급이었지만 당시 한국인 여행자들에게 가장 인기 있었던 호텔과 호스텔에서 일부러 1박씩 머무르며 실제 숙소 상태를 파악해 마드리드 숙소 리스트를 제작하기도 했다.

바르셀로나에서는 동료 가이드들과 주 4일 이상 저녁 식사를 함께 하며 와인과 소주를 한잔씩 기울이는 것이 일과였지만 마드리드에서는 같이 저녁을 먹을 동료도, 함께 한잔을 기울일 친구도 없었기에… 무얼 하겠나? 또 걸어야지. 오늘은 이 길로 마드리드 왕궁까지, 내일은 저 길로 석양이 아름답다는 데보드 신전까지, 또 다음 날은 마드리드의 센트럴 파크라고 불리는 레티로 공원에서 자전거를 타거나 하면서 시간을 보냈다.

 게다가 마드리드는 여행을 떠나기 좋은 도시였다. 휴일이어도 마땅히 만날 친구가 없던 나는 일을 마치면 야간 버스를 타고 북부로, 남부로, 서부로 스페인 구석구석 여행을 다녔다. 스페인 교통의 중심이라고 불리는 도시답게 버스, 기차, 저가 항공편 등 선택지가 다양해 가고 싶은 도시 어디로든 떠날 수 있다 보니 내가 소위 역마살이 있는 사람이라는 것을 마드리드에서 다시 한 번 깨달았던 듯싶다.

 이렇게 지내기를 1년, 어찌 사랑에 빠지지 않을 수 있을까? 이제 마드리드의 웬만한 골목길은 눈에 훤한데. 추에까에 단골 카페가 생기고 직원들과 안부를 나누는 사이가 되었는데. 레티로 공원 벤치에서 메고 온 백팩을 베고 낮잠을 즐기는 경지에 이르렀는데. 투어 때 우리 한국 팀의 투어를 도와주는 로컬 가이드와 휴일에도 만나 그 친구가 구해 온 각종 투어 자료를 보며 어설픈 스페인어 실력으로(사실 친구의 엄청난 보디랭귀지 덕분에) 처음으로 제대로 된 스페인어 공부를 하게 되었는데.

 마드리드에서 처음 알게 된 사실도 많다. 스페인에서 진짜 맛있는 커피는 지하철이나 버스 터미널 내 카페테리아에서 손잡이 없는 유리잔에 내려주는 서서 마시는 커피이고, 추로스churros보다 더 맛있는 건 뽀라스porras라는 것. 화이트 와인 애호가라면 꼭-무슨 일이 있어도!-스페인 특유의 바삭한 햇살이 가득한 테라스에 앉아 알바리뇨albariño 품종으로 만든 화이트 와인 한잔에 올리브유와 파슬리만으로 맛을 낸 가리비 구이를 맛봐야 한다는 것(진정한 美味!). 배우들의 대사를 100% 이해할 순 없지만 로페 데 베가 극장에서 스페인어로 만나는 뮤지컬 『라이온 킹』은 마치 잠시 아프리카로 여행을 다녀온 것과 같은 어마어마한 여운과 감동을 선사한다는 것(마드리드 여행 일정에 꼭 넣으시길 강력히 추천하고 싶다).

 하지만 나를 잘 아는 사람들은 과연 이 글 어디쯤에서 프라도 미술관 이야기가 등장할까 궁금해 할 것이다. 그만큼 내 마드리드 라이프의 팔 할은 프라도 미술관이라고 해도 과언이 아니니까. 마드리드는 누가 뭐라 해도 스페인의 예술을 대표하는 도시이다. 스페인의 자부심 프라도 미술관이 자리한 도시이고, 많은 투어 프로그램도 미술관에 특화되어 있다. 프라도 미술관뿐 아니라, 레이나 소피아와 티센-보르네미사 같은 유명 미술관은 물론이고 호아킨 소로야 미술관이나 세랄보 박물관처럼 저마다의 특별한 매력을 지닌 좋은 곳도 많다. 하지만 그중에서도 가장 강렬하게 내 마음과 발길을 이끈 곳은, 언제나 프라도 미술관이었다.

내가 무리하게 프라도 미술관 근처에 집을 구했던 이유는 말 그대로 밥을 먹듯이 미술관에 드나들고 싶어서였다. 지금도 내 사진첩에는 프라도 미술관 오픈 전부터 입장을 기다리는 나, 미술관 안 카페테리아에서 삼시 세끼를 해결하는 나, 늦은 저녁 무료 입장 시간 북적이는 인파 속의 나, 프라 안젤리코Fra Angelico 특별전에서 행복해하는 나 등 프라도 미술관에서 찍은 사진이 한가득이다. 마드리드에는 1년 동안 국립 박물관과 미술관을 무제한으로 입장할 수 있는 연간 통합 입장권Tarjeta anual de Museos Estatales이 있는데, 과장을 조금 많이 보태서

2019년에 이 티켓으로 나보다 더 프라도 미술관에 자주, 오래 머무른 사람은 없지 않았을까?

 바르셀로나에서 생활할 당시 가이드들이 끈끈한 동료이자 둘도 없는 친구로서 타지 생활의 고달픔이나 가이드 일의 애환을 달래주었다면, 마드리드에서는 그 중대한 임무를 프라도 미술관과 벨라스케스가 맡았다고 해도 과언이 아니다. 나 홀로 떨어져 막막했던 마드리드 생활 초기, 겨울이라 날은 또 어찌나 춥던지. 연중 온난한 기후를 보이는 바르셀로나만 알고 지내던 촌뜨기에게 수도 마드리드의 겨울은 혹독했고, 유독 목이 약했던 나는 지독한 목감기에 수차례 시달려야만 했다. 몸이 아파도 의지할 사람 하나 없는 마드리드에서 나는 벨라스케스라는 존재에, 그리고 그의 그림에 필사적으로 매달렸다. 바르셀로나의 동료들이 고시 공부를 하느냐며 놀랄 만큼. 내 책상 서랍 속에 수북이 쌓인 프라도 미술관 입장권에 경악하고, 이제 투어할 때만 미술관에 들어가도 충분하다며 고개를 절레절레 흔들 만큼.

 하지만 벨라스케스의 그림들은 보아도 보아도 좋

은 걸 어쩔 수 있나. 그가 그린 종교화 앞에 서면 한 없이 마음이 편안해지는데, 그림 속 벨라스케스의 눈이 언제나 내게 말을 건네는데, 하루라도 안 보고 배길 수 있나. 그러니까 그때, 벨라스케스의 그림을 보고 또 보던 그때 나는 이 도시와 사랑에 빠졌다.

 가이드의 이런 별난 애정이 프라도 미술관 투어에서 손님들께 고스란히 전해졌던 듯하다. 그동안 스페인에서 다양한 투어 프로그램을 진행했지만 유독 프라도 미술관 해설을 마치고 나면 내 곁을 떠나지 않고 마지막의 마지막까지 감사의 인사를 건네준 손님이 참 많았다. 자기 일을 사랑하는 사람 특유의 반짝거리는 에너지가 느껴지는 해설이었다며 내 손을, 어깨를 두드려 주는 손님들의 칭찬과 격려는 나를 프라도 미술관에서 살게 한 또 하나의 원동력이었다.

 시간과 정성을 쏟으면 그만큼 애정이 커질 수밖에 없다는 것은 만고불변의 진리다. 프라도 미술관에 전시된 그림들을 한 점 한 점 나만의 스토리텔링으로 풀어낼 수 있게 됨에 따라, 그렇게 되기까지 그곳에서 보낸 시간이 쌓여감에 따라 프라도 미술관 그리고 도슨트 투어에 가졌던 애정은 말로 풀어낼 수 없을 만큼 커졌던 듯하다. 한국으로 돌아오는 비행기를 타기 전, 내가 스페인에서의 마지막 하루를 보낼 장소로 선택한 곳 역시 프라도 미술관이었으니까.

당시 여행자들 사이에는 솔 광장Puerta del Sol 바닥에 있는 "Km.0"이 적혀 있는 작은 동판을 밟고 사진을 찍으면 다시 마드리드로 돌아오게 된다는 속설이 있었다. 그런데 나는 마드리드를 떠나는 마지막 날에도 솔 광장의 그 동판을 찾는 대신 프라도 미술관을 찾았다. 그리곤 곧바로 디에고 벨라스케스Diego Rodríguez de Silva y Velázquez의 「시녀들Las Meninas」 그림 앞에 섰다.

'꼭 다시 올게.'

몇 번이고 마음속으로 다짐을 하며, 그림 속 벨라스케스의 눈동자를 내 눈에, 가슴에 새겼다.

그렇게 프라도 미술관 그리고 벨라스케스와 절절한 이별을 하고 스페인을 떠났지만, 여전히 나는 그와 함께하고 있다. 한국 귀국 직후 스페인 인문학 강사로서 인생의 새로운 발걸음을 뗀 나는 가장 먼저 파리의 루브르 박물관, 오르세 미술관이나 이탈리아 로마, 베네치아, 피렌체 출신의 화가들에 비해 한국에서 대중 인지도가 낮은 프라도 미술관과 벨라스케스를 소개하는 강연 프로그램을 만들었다. 코로나 팬데믹 시기에는 온라인으로 랜선 도슨트를 자처했고, 이후에는 초보운전 스티커를 붙인 채 전국 방방곡곡 수많은 기관과 도서관 등을 직접 찾아가 마치 강연을 진행하는 이곳이 프라도 미술관인 것처럼, 2019년 그때처럼 열정 넘치게 강연을 진행하고 있다. 마드리드는, 그리고 프라도 미술관은 그저 한때 머물렀던 도시, 과거의 추억이 아니라 여전히 나의 현재인 것이다.

사실 나의 첫사랑은 우연히 보게 된 사진 한 장으로 머나먼 스페인까지 여행을 떠나게 만들었던 안달루시아 지방의 보석 네르하였다. 물론 여전히 내게 네르하는 나지막이 그 이름을 불러만 보아도 마냥 좋은 사랑스러운 도시다. 네르하를 알지 못했다면 스페인으로 여행을 떠나지 않았을 테고, 내 인생은 지금과는 전혀 다른 방향으로 흘러갔을 테니.

하지만 이글을 읽는 모든 분들은 공감하실 테다. 우리에게 첫사랑보다 더 큰 의미를 가지는 존재는 마지막 사랑이라는 것을.

 나의 마지막 사랑은 마드리드다. 내가 반드시 돌아가야 할 도시, 시간이 흐를수록 감정이 깊어져만 가는 나의 도시. 매일같이 벨라스케스의 그림 앞에 찾아가 그의 그림을 흠모하던 그때부터, 한국에 돌아와 프라도 미술관 강의를 하며 지내온 그 시간 내내, 수없이 나는 이 도시와 사랑에 빠지고 있다.

내 자리가 있는 도시
Barcelona

정주환

📷 tablegraphy

운이 좋아 첫 여행지로 바르셀로나를 골랐다. 몇 번을 더 여행한 후에 이런저런 콘텐츠를 만드는 '바르셀로나 플랜비'를 운영하며 바르셀로나에 10년을 살았다. 지금은 합정과 망원 사이에서 대화를 수집하는 공간 '사이시옷'을 준비하며 보장되지 않은 행복을 찾고 있다. 은퇴 후에 딱 2년만 바르셀로나에서 살다 오는 게 꿈이다. 강아지 흥이도 함께라면 좋겠다.

우선 말해 둘 것이 있다. 나는 여행을 좋아하거나 모험을 좋아하는 그런 사람은 아니다. 새로운 것보다는 익숙한 것이 좋다. 무엇이든 새로운 것에는 위험이 따른다고 생각하는 편이어서 점심 메뉴를 정하고 강아지와 산책을 하는 평범한 일상에서도 익숙함에서 느껴지는 안정감이 필요하다. 늘 가던 곳에서 먹던 메뉴를 주문하고, 늘 걷던 길을 따라 산책하는 것. 게다가 그게 휴식과 관련한 것이라면 더욱 그렇다. 짜릿한 거 싫어.

그런 나에게 모두가 여행을 떠나라고 했던 시기가 있었다. 전역 후 복학까지 남아있는 3개월 동안 뭘 할지 고민하던 때였다. 나는 늘 무표정으로 답했다. 여기도 저기도 아닌 곳을 응시한 뚱한 얼굴. 돌아보면 그 시절의 나는 부대에 있을 때가 오히려 생기 있었다. 전역 후에 먹을 것과 만날 사람들을 매일 상상하고 구체적으로 계획했으니까. 시큰둥했던 나를 가장 가까이에서 지켜본 누나는 그 즈음 부대로 책을 보내기 시작했다. 대부분이 여행 책이었다. 내가 넘어갈 줄 알고?

생각보다 쉽게 넘어갔다. 열몇 번째 책으로 오영욱

작가님의 책 『행복을 찾아 바르셀로나로 떠나다』를 고른 건 누나의 계획이었을까, 그냥 우연이었을까? 아무튼 그 책을 읽고 나서 나는 처음으로 여행을 떠나고 싶어졌다. 정확히는 바르셀로나가 궁금해졌다. 그 후로 더이상 수양록*에 전역 후에 먹을 사제 음식 리스트를 적지 않았다. 나는 곧 빠에야를 먹게 될 테니까.

전역을 하자 누나는 바르셀로나 인-파리 아웃 왕복 항공권을 건넸다. (지금 생각해 보면 그때 누나 나이가 고작 스물여섯이었다….) 2006년 12월, 전역 후 2주 만에 나리타와 비엔나를 경유해 바르셀로나에 도착했다. 잔뜩 긴장한 채로 낡은 캐리어를 끌고 시내에서 꽤 떨어져 있던 한인 민박에 도착했다. 혼자 떠나온 첫 여행이었다.

그 시절 바르셀로나는 여행자들에게 인기 있는 지역은 아니었다. 이베리아반도는 유레일로 여행하기에 동선을 짜기 애매한 곳이었고, 지금은 흔한 저가 항공사들도 생기기 전이었다. 비교적 물가가 저렴하고 날씨가 좋아 유럽인들의 인기 여행지라는 건 나중에 알았다. 그때 내가 머물렀던 한인

---

* 군대에서 지급하는 일종의 일기장

숙소에도 나를 빼고는 모두 유럽에서 유학 중이거나 주재원에 나와있는 직장인 혹은 그 가족들뿐이었다. 매일 밤 숙소에 돌아와 그들의 이야기를 듣는 게 좋았다. 그들의 오늘 여행기를 듣는 것도 좋았지만 각자의 도시에서 살아가는 그들의 어제 이야기가 더 새롭고 흥미진진했다. 무엇보다 다들 꽤 행복해 보였다. 해외여행조차 망설였던 나에게 다른 나라에서 산다는 건 상상도 해보지 않았던 일이었는데, 그게 어쩌면 나에게도 일어날 수 있는 일이라는 생각을 그때 처음 했는지도 모르겠다.

첫 여행에서 바르셀로나에만 25일 머물렀다. (나중에 보름을 늘리긴 했지만) 한 달 조금 넘는 일정의 유럽 여행에서 한 도시에 25일을 머문다는 건 누가 보기엔 무모한 일이었겠지만 나에겐 그렇게 특별한 일이 아니었다. 시내 구석구석을 돌아다니고 근교 도시를 돌아보느라 한 순간도 지루할 틈이 없었다. 무엇보다 내가 궁금해했던 도시는 바르셀로나였으니까. 매일매일 조금씩 익숙해지는 공기가 좋았다. 시간이 지날수록 안정감을 느끼기 시작했던 것 같다.

그때 나는 경제적으로 여유로운 여행자는 아니었다. 매일 맛집에 갈 여유는 없었다. 아침마다 숙소 앞 마트에서 바게트와 크림치즈를 사는 것으로 하루를 시작했다. 숙소에서 미리 담아 온 물을 마시고, 웬만한 거리는 가능한 한 걸어 다녔다. 그래서 불행했다는 건 아니다. 바게트가 그렇게 맛있는 빵이라는 걸 처음 알았고, 처음 먹어본 크림치즈에 눈을 떴다. 배낭 왼쪽 주머니에 바게트를, 반대쪽 주머니에는 생수병을 꽂고 유럽 도시를 걷고 있다는 건 갓 전역한 대학생에게는 불행하기보다 낭만적인 일에 가까웠다.

그렇게 걷다가 출출하다 싶으면 벤치에 앉아 주섬주섬 빵을 꺼내 크림치즈를 아무렇게나 슥슥 발라서 뜯어 먹었다. 그렇게 일주일쯤 지났을 때 조금 엉뚱한 걸 깨달았다. 이 도시엔 정말 어디에나 벤치가 있구나. 한 번도 앉을 곳을 찾아 헤맨 적이 없었네. 돌아보니 곁에는 신문을 읽고 있는 노인, 보호자와 산책을 나왔다가 쉬고 있는 대형견, 서류 가방을 식탁 삼아 점심을 먹는 수트맨이 띄엄띄엄 앉아있었다. 그 일상적인 풍경이 따뜻하고 다정했다. 카메라를 들어 그들의 뒷모습을 찍었다. 내 자리로 돌아와 찍은 사진을 넘겨 봤다. 익숙한 듯 보호자 곁에 누워있는 강아지의 모습을 보며 덩달아 행복해졌다. 그때 나는 이 도시와 사랑에 빠졌다. 멋진 풍광을 마주할 때, 한참을 걷다 잠깐 쉬고 싶다는 생각이 들 때 어김없이 앉을 곳이 있는 도시라니. 지나는 모든 걸음마다 내 자리가 있는 도시.

벤치가 많다는 건 언뜻 사소한 일이라고 여길 수 있지만 바르셀로나를 가장 잘 표현하는 장면이라고 봐도 된다. 바르셀로나는 365일 중에 300일 이상이 화창하다. 겨울에도 기온이 영하로 떨어지는 경우가 거의 없고, 뜨거운 여름에도 많이 습하지 않아 그늘에 앉아 있으면 살랑살랑 부는 바람 덕에 선선하다고 느껴지기도 한다. 우리가 봄과 여름 사이에서 이 날씨가 금세 지나가 버릴까 초조해하며 산으로 강으로 공원으로 다니는 그 짧고 소중한 시간을 바르셀로나 사람들은 거의 매일 누리고 있다. 그렇다면 벤치는 필수다. 그래서 일자로 뻗은 도로 주변이 아닌 아무 광장이나 해변의 벤치는 마주 보고 있거나 한낮의 해가 떠 있는 방향으로 아무렇게나 툭 있는 경우가 많다.

바르셀로나에는 누구 하나 급한 사람이 없다. 거리에서 뛰거나 빠르게 걷는 사람도 찾아보기가 힘들다. 버스가 와도, 버스가 떠나도, 신호등이 깜박여도 뛰지 않는다. 버스는 당연히 기다려주고, 신호는 생각보다 길다. 모든 게 거리의 약자인 보행자 중심으로 돌아간다. 일상 속에서도 마찬가지다. 마트 계산원은 길게 선 줄은 아랑곳하지 않고 눈앞의 고객과 수다를 떨고, 시내버스 기사는 승객을 태운 채로 길가에 차를 세우고 간식을 먹기도 한다. 관공서와 은행의 업무 속도는 말할 것도 없고, 핸드폰이 고장이 나서 맡기면 수리 가능 여부를 확인해주는 데만 일주일이 걸리기도 한다. 여기서 중요한 건 여유롭거나 느리다는 데 있는 게 아니라 그 모든 걸 불편해하는 사람들이 없다는 데 있다. 기다려줄 줄 아는 마음, 그게 바르셀로나를 시작한다.

나중에 바르셀로나에서 여행 가이드를 하게 되었을 때 정말 많은 손님들이 "스페인은 평균 수명이 긴가요? 길에 할머니 할아버지가 너무 많아요."라고 물었다. 그때마다 "카페도 식당도 편하게 다닐 수 있는 분위기 때문 아닐까요?"라고 질문으로 답하곤 했는데, 사실 더 간단한 이유 때문이었을지도 모른다는 생각을 한국에 돌아온 후에 했다. 언제 어디에나 앉을 곳이 있는 도시여서 그랬겠구나. 언젠가 스페인 친구가 한국에 다녀온 후에 '모든 게 편리하고 모든 게 다 있는 한국에 없는 것 두 가지가 벤치와 휴지통'이라는 얘길 한 적이 있는데, 그에겐 그렇게 느껴졌을 것 같다. 서울을 여행하는 그 친구에게도 앉을 곳이 필요했을 테니까. 언제든 쉬었다 갈 수 있는 자리가 어디에나 있다는 건 생각할수록 다정한 일이다.

그래, 바르셀로나는 다정한 도시다. '약자들을 위한 배려'라고 하면 조금 거창하게 들리지만, 거리를 채우는 모든 것에서 일상적인 배려가 느껴진다. 당연히 자동차보다 보행자가 우선이고, 노인과 아이들을 위한 공간을 만드는 데 힘쓰고, 사람만큼이나 동물에게 많은 공간을 내어주며, 사람들의 편리보다 환경을 우선에 둔 선택을 하는 도시. 자연스럽게 노인과 아이와 동물과 자연이 도시의 풍경을 완성한다.

바르셀로나를 여행하는 내내 그 모든 것이 낯설

고 (불편하고) 부러웠다. 여행의 첫 며칠 동안에는 근사한 고딕 양식의 건물이나 멋진 브랜드의 쇼윈도 앞에 서서 카메라를 꺼냈지만 닷새쯤 지나고 나니 내 발길을 멈추게 하는 풍경은 보호자 곁에서 낮잠 자는 강아지와 놀이터와 광장마다 뛰노는 아이들, 휠체어가 타기 좋게 정류장을 향해 오른쪽으로 기울어지는 저상 버스, 내일도 그 자리에 있을 것 같은 나란히 앉은 할머니들의 뒷모습이었다. 바르셀로나의 모든 것이 느리게 흘러가지만, 그래서 불편한 건 나뿐인 것 같았다. '여행의 끝에 나도 이 다정한 도시의 풍경이 될 수 있을까?' 하는 생각을 하기 시작했다.

25일간의 바르셀로나 여행을 끝내고 파리에 들렀다. 파리 아웃 항공권이어서 특별한 계획 없이 들렀는데, 파리에서 살고 있는 국민학교 동창과 연락이 닿아 하루를 함께 보냈다. 여기저기 거리를 걸으며 사는 이야기를 듣고 그 친구의 집에서 오후를 보내면서 그 마음이 조금 더 단단해졌다. 한국으로 돌아오는 비행기에서는 한숨도 자지 못했다. 돌아가고 싶다. 거기에 살고 싶다!

복학도 하지 않고 다시 바르셀로나로 돌아갈 거라는 나에게 누군가는 여행과 사는 건 애초에 다른 일이어서 여행을 하면서는 좋은 것부터 보이지만 살면서는 나쁜 것부터 보이게 마련이라며 걱정 어린 시선을 보내기도 했고, 여행 다녀오더니 바람이 들었다고, 저러다 말 거라고 하는 얘기도 들었다.

 같은 해 12월, 나는 다시 바르셀로나행 비행기에 탔다. 학생인 나에게 선택지는 어학연수뿐이었다. 아르바이트로 돈을 모아 바르셀로나로 돌아왔다. 어학연수를 하는 동안에는 여행자이던 시절보다 더 가난했다. 하루에 파스타를 한 대접 만들어 먹는 게 끼니의 전부였고, 치과에 갈 비용을 만들기 위해 바닥에 놓인 싸구려 스탠드가 방을 밝히는 빛의 전부인 창고방으로 이사를 해 살기도 했다. 찬장을 열면 벌레들이 흩어지던 낡은 아파트였다. 그래도 하우스메이트들은 다정했고, 그때도 나는 그런 일상을 불행하다고 생각한 적이 없었다.

 7개월의 어학연수를 마치고 한국에 돌아왔을 때 나는 조금 다른 사람이 되어 있었다. 언제든 훌쩍 갈 수 있는 곳이 지구 반대편에 있다는 사실은 나를 바닥에서 2cm쯤 떠 있는 사람처럼 만들었다. 방학마다 바르셀로나 여행을 했고, 졸업을 하고 취업을 했다.

그리고 퇴사. 짧은 직장 생활이 남긴 퇴직금은 딱 바르셀로나에 다녀올 수 있는 항공권을 사고 여행 경비를 하면 될 정도였다. 그때의 나는 더 이상 가난한 여행자가 아니었다. 이십 대 후반의 나는 조금 달라져 있었는데, 바르셀로나는 여전히 느리고 다정했다. 느려서 불편한 건 여전히 나뿐이었다. 한 달 정도 바르셀로에만 머물면서 나도 천천히 느려졌다. 학교에 다니고 일하는 동안 잊고 지냈던 일상이었다. 이 도시로 돌아와야겠다고 생각했다.

첫 바르셀로나 여행을 다녀오고 6년이 지난 2012년 봄, 커다란 이민 가방 두 개를 끌고 바르셀로나로 돌아왔고, 1년씩 1년씩 더해가며 10년을 살았다. 매년 이 도시에서 계속 살기 위해 할 수 있는 거의 모든 일을 했다. 그러다 보면 지치기도 하고 어떤 날엔 상처를 받기도 했지만, '보장된 행복이 있는 도시'라는 생각은 그곳에 사는 동안 한 번도 바뀐 적이 없다. 돌아보면 매 순간 이 도시와 사랑에 빠지고 있었다.

이건 과장이 아니다.
궁금하면 한번(부디) 가보시라.

넘실대는 불꽃과 파도 속에서
Valencia

구민정

📷 kate_in_valencia

미술과 건축을 좋아해서 빛나는 사물과 장소에 깃든 이야기를 차곡차곡 모아두길 즐긴다. 어학연수로 갔던 스페인 발렌시아에 빠져들었고, 그 이후 여행하고 살며 수집해 온 그곳의 숨겨진 매력을 전하는 일을 하게 됐다. 서울과 발렌시아를 오가며 두 문화를 잇는 가교의 역할을 기꺼이 찾아 작가, 기자, 강연자, 한국어 교원, 문화 기획자, 가이드 등으로 다양하게 활동하고 있다.

화염에 휩싸이는 화려한 축제

 찬 바람이 거리를 휩쓸고 비가 내리기를 반복하더니 서서히 낮 기온이 올라 벌써 20°C다. 오렌지 가로수는 색을 잃었지만, 겨우내 정체를 숨겼던 박태기나무들은 옹골진 분홍색 꽃을 피울 준비를 한다. 이곳에서 맞이한 첫 봄에는 벚꽃인가 싶어 들떴었는데, 찾아보니 유다 박태기나무다. 거센 바람에도 꿋꿋이 잎을 틔우고 봉오리를 내민다. 봄이 다가온다. 도시가 바빠진다.

 천문학적으로 봄의 시작은 3월 21일부터라지만, 연말부터 1월 6일 동방박사의 날까지 이어지는 긴 연휴를 보내고 나면 발렌시아에서는 곧바로 봄맞이가 시작된다. 도시 전체를 들썩이게 만드는 축제, '라스 파야스Las Fallas'가 다가오기 때문이다. 라스 파야스는 매년 3월 15일에서 19일까지 진행되는 전통 축제로, 발렌시아 지방의 수호성인인 성 요셉의 축일(3월 19일)을 기념하는 날이다.

 일 년간 니놋*들을 구상하고 큰 작품으로 만들어 축제 기간 거리를 채운다. 콘테스트를 통해 오직 1등 작품의 일부를 파야스 박물관에 보관하고, 나머지는 축제 마지막 날에 불태움으로써 행사를 마무리한다. 원래 봄맞이 대청소를 위해 낡은 집기나 인형 등을 모닥불에 태워 없애는 관행에서 시작되었지만, 18세기부터 지역 공동체인 파야&에서 전문 목수와 예술, 건축 분야 전문가들이 함께 모여 니놋을 만드는 현재의 형태로 발전했다.

체크무늬 손수건을 목에 두르고 파야의 로고와 이름을 수놓은 점퍼를 맞춰 입은 파예로§들은 기금 모금 행사와 각종 프로그램을 준비하기 위해 주말마다 아지트인 까살 파예로‡에 모였다. 한편, 땋은 머리를 귀 옆에 동그랗게 올려 금빛 빗으로 단장하고 화려하게 수놓은 드레스를 갖춰 입은 여성들도 거리에서 자주 눈에 띄기 시작했다. 파예라들이다. 전통의상으로 곱게 차려입고 여기저기로 이동하는 파예라들에게, 관광객들은 같이 사진 찍기를 청하곤 했다.

---

* ninot 크고 작은 조각 인형
& falla 니놋들로 구성된 작품을 가리키기도 한다.
§ fallero 파야에 소속된 사람을 일컫는 말 (여성형 : fallera/복수형 : falleros)
‡ casal fallero 파야스 준비를 위한 파예로들의 모임 공간

나는 네 해의 라스 파야스를 각기 다른 집에서 보냈다. 첫 경험은 책을 쓰기 위해 2018년 1월 말 두 번째로 발렌시아를 찾았을 때다. 아티스트들이 모여 살기 시작해 이제는 힙한 동네로 불리는 루사파 Ruzafa 지역에서도 중심인 수에까Sueca 거리와 리떼라또 아소린Literato Azorín 거리가 만나는 지점에 있는 건물 3층의 방 한 칸을 빌려 살았다. 싱글 침대와 긴 이동식 행어만으로도 꽉 차는 조그만 방이었지만, 적당한 크기의 공용 공간이 있고 방마다 발코니가 있어 집주인과 두 명이서 생활하기에는 전혀 불편함이 없었다.

동갑내기 집주인 마리안은 스페셜티 커피와 브런치로 유명한 블루벨 커피 로스터스를 자매들과 함께 운영했다. 덕분에 볶은 커피를 갈아내는 경쾌한 소음과 향긋한 내음으로 매일 아침을 맞이했다. 아쉽게도 나는 카페인에 민감하게 반응하는 몸이라 마시지는 못했지만, 매일 거실 중간에 놓인 테이블에 앉아 커피향을 킁킁대며 이야기를 나눴다. 축제 기간 동안 집에서 지낼 거냐는 마리안의 질문에 나는 "당연하지! 처음이라 너무 기대돼."라고 답했다. 마리안은 도시를 떠나 있을 거라고 했다. 그때만 해도 앞으로 무슨 일이 벌어질지 전혀 알지 못했다.

 2월 마지막 주 일요일 축제의 개막식 격인 라 끄리다La Crida를 시작으로 3월 1일부터는 시청 앞 광장에서 매일 오후 2시에 약 5분간 폭죽과 화약을 터뜨리는 마스끌레따La Mascleta 행사가 진행됐다. 시내 전체를 흔드는 굉음이 매일 알람처럼 울렸다. 하루는 마스끌레따를 직접 보기 위해 시청 바로 맞은편 우체국 건물로 향했다. 해바라기씨를 까먹으며 맥주를 마시는 무리 틈에 홀로 섰다.

 드디어 2시. 우주가 폭발하는 듯한 떨림이 온몸에 전해지고, 건물 꼭대기까지 피어오른 연기와 날리는 분진 때문에 눈도 제대로 뜨기 힘들었다. 그 와중에 손에 든 카메라 셔터를 연신 눌러 대고 동영상까지 찍었다. 조금 과장해서 말하자면, 전쟁 지역 한가운데서 종군 기자로 있으면 이런 기분일지 모르겠다는 생각까지 들었다. 몸에 진한 울림이 새겨졌다. 사실 마스끌레따는 리드미컬한 폭발음을 듣고 몸으로 느끼는 것이다. 입을 벌려 진동을 오롯이 느끼고, 눈과 귀도 가리지 않은 채 그 순간을 진정으로 즐길 수 있어야 한다.

본격적인 축제일이 가까워져 올수록 도시를 종횡으로 가르는 길의 중심마다 하루가 다르게 니놋들이 늘어났다. 풍자와 유머를 담은 익살스러운 캐릭터를 비롯해 다양한 이야기를 담은 작품이 5~6층 건물 높이까지 세워졌다. 매일 달라지는 생경한 광경에 눈은 즐거웠지만 나는 많은 것을 감수해야 했다. 우리 집은 발렌시아에서도 다섯 손가락 안에 꼽히는 유명한 파야가 위치한 곳이었다. 즉, 모두가 기대하는 크고 화려한 작품이 집 앞에서 만들어진다는 이야기다. 새벽까지 불을 훤히 켜고 사다리차에 올라 작업하는 분들의 소음과 빛으로 내 방은 일주일이 넘게 24시간 대낮이 됐다. 커튼 한 겹으로는 어림도 없었다. 이른 아침, 이제야 좀 잠들려고 하면 밴드가 나타나 곡을 연주했다. 얼마나 시달렸던지 아직도 그 음률이 귓가를 맴돈다. 그제야 마리안이 집을 떠나 시골에 가는 이유를 이해하게 됐다.

드디어 3월 19일. 대성당이 있는 레이나 광장Plaza de la Reina은 파예라들이 이틀간 행진하며 바친 꽃으로 예쁘게 단장한 커다란 성모 마리아, 비르헨 데 로스 데셈빠라도스Virgen de los Desemparados가 공개되어 이른 아침부터 북적였다. 그리고 밤 11시, 내 방 좁은 발코니에서 친구 까롤리나와 함께 스파클링 와인인 까바cava를 터트리며 파야가 불타는 과정을 보는 특권을 누렸다. 매일 커튼을 걷을 때마다 이를 닦는 모습으로 나와 눈을 마주친 귀여운 괴물 니놋과 작별 인사를 나눴다.

한 해의 열정을 고스란히 담았던 파야들은 무너지고 도시는 서서히 불길로 물든다. 이것이 이 도시가 묵은 해의 흔적을 정화하고 다가올 계절의 풍요를 기원하는 방식이다. 아디오스Adiós! 이제 비로소 진짜 봄이다.

소원을 비는 훈훈한 여름밤

내게 가장 좋아하는 계절을 꼽으라면 단연 초여름이다. 발렌시아는 오뉴월부터 낮 기온이 섭씨 30도를 넘어가지만 상관없다. 서울보다는 습도가 훨씬 낮아 그늘로 가면 서늘하다. 그림자가 짧아지는 한낮에 길을 걸으면 체질적으로 땀이 덜 나는 내 등에도 땀이 주르륵 흐르지만, 이게 원래 여름인걸.

뚜리아 정원*의 녹음은 더욱 짙어지고, 나무, 풀 향과 멀리 바다 내음까지 도시를 가득 메운다. 모든 감각을 깨우는 선명하고 진한 여름의 색채가 참 좋다.

7월 한 달간은 '발렌시아의 큰 축제'라는 뜻을 지닌 그란 페리아Gran Feria de Valencia가 열린다. 뚜리아 정원에는 회전목마, 대관람차 등 놀이 기구가 들어서고, 무대가 설치된 시청 앞 광장에서 전통 공연이 이루어진다. 이 외에도 클래식, 록, 재즈 등 장르를 아우르는 야외 콘서트와 다양한 곳에서 주최하는 야외 영화 상영회가 경쟁하듯 매주 이어진다. 미술을 편애하긴 하지만 문화 예술 행사라면 분야를 가리지 않고 환영하는 잡식성 취향이라 여기저기 기웃댔다. 오히려 새로운 것을 경험하고 고루 눈을 돌릴 수 있는 시기라 더 좋았다.

하지만 내가 가장 좋아하는 여름날을 꼽자면 산후안의 날Día de San Juan이다. 보통 6월 말경으로, 우리나라로 치면 낮이 가장 긴 '하지夏至'다. 어둠 속에서 해가 힘을 얻어 다시 빛나기 시작하는 때를 축하하는 주술적인 의미로 시작됐지만, 기독교가

---

* Jardín del Turia 홍수로 범람하던 뚜리아 강을 메워 긴 정원으로 만들었다.

전파된 후로는 예수의 탄생을 알리고자 모닥불을 피워 의식을 행하는 것으로 그 의미가 바뀌었다. 평소에는 바닷가에서 불을 피우는 것이 금지되어 있지만, 이날만은 예외다. 보통 저녁 무렵 먹거리와 장작을 준비해 친한 친구들과 해변에 모인다.

첫 책이 출간된 2019년, 엄마와 함께 여름휴가로 발렌시아를 찾았다. 책을 선물하기 위해 와이너리 취재를 동행해 줬던 하신또와 끄리스띠나를 만났는데, 둘이 곧 있을 산후안의 날에 친구들과 특별한 계획이 있다며 우리를 초대했다. 늦은 저녁 알부페라Albufera에서 작은 배를 빌려서 파티를 하고, 자정에 바닷가로 도착하는 코스였다. 알부페라는 강이 자연스레 조성한 녹지를 농경지로 일궈 대표적인 쌀 생산지가 된 곳이다. 빠에야paella가 시작된 곳도 바로 여기다. 또 스페인에서 가장 큰 호수로 꼽히는 호수와 절경을 자랑하는 자연 생태 공원이 있어 배를 타고 습지를 둘러볼 수 있고, 해안선을 따라 자전거를 타는 코스도 인기다. 첫 산후안의 날을 배에서 보낼 생각에 너무 설렜다.

열 명 남짓 모인 사람들은 나보다는 엄마에 가까

운 나이였지만 모두 들뜬 표정이었다. 다양한 마실 거리와 곁들일 음식들이 끊임없이 나왔다. 나는 한국에서 가져간 매실주를 꺼내 놓았다. 호숫물에 비친 해가 저무는 광경을 보며 사진을 찍다 보니 어느새 깜깜한 밤이다. 고개를 드니 밤하늘에 별들이 콕콕 박혀 쏟아지듯 반짝인다. 세상에. 너무 황홀했다. 모든 천체를 포함한 우주가 수풀 속에 떠 있는 우리의 배를 중심으로 움직이는 것 같았다. 나는 벌러덩 누워 버렸다. "아니 별 처음 봐? 서울에는 별이 없어?" 감탄하는 나를 보며 신기해하는 시선도 있었지만, 내가 본 그날의 하늘은 평생 고이 간직할 장면이다.

어느덧, 배에서 내려 주섬주섬 짐을 챙기고 바다로 향했다. 해변에는 저마다 모닥불을 피우고 둥그렇게 모여 앉아 신나게 파티를 즐기고 있었다. 사실 이날의 하이라이트는 소원을 비는 일이다. 몇 가지 전통 의식이 전해지지만 가장 쉬운 방법은 소원을 빌며 모닥불을 일곱 번 뛰어넘거나 자정이 되었을 때 파도를 일곱 번 뛰어넘는 것이다. 자정이 가까워 오자 다들 휴대전화만 바라본다 싶더니 12시가 된 순간, 너도나도 바다에 뛰어들었다. 나도 덩

달아 파도를 넘으며 조용히 그해의 소원을 빌었다.

생각해 보니 이루어졌네

꽤 오래 나 자신이 대도시형 인간인 줄 알고 살았다. 서울에서 나고 자랐고, 십여 년간 강남 직장인으로서 여러 회사를 거쳤다. 어디서든 이미 몸에 배어버린 관성대로 치열하게 일했다. 휴가 때도 새롭고 볼거리가 넘쳐나는 도시만 골라 호기심이 풀릴 만큼 보고 돌아다녔다. 여러 외국계 회사에 다니며 내 제안이 아시아 마케팅 캠페인으로 채택될 때면 으쓱했고, 한국이 성공 사례로 소개되어 다른 나라 담당자들이 내게 질문할 때면 그렇게 기분이 좋았다. 그래서 늘 보이지 않는 경쟁에서 뒤지지 않으려고 애쓰며, 샐러던트*로 MBA도 마쳤다.

하지만 지독히 달리다가 더는 안 되겠다고 느끼면, 미련 없이 모든 것을 툭 놓아버렸다. 이제 퇴사다. 누군가는 내 커리어에 대한 우려와 아쉬움을 표하며 나이를 운운하기도 했지만, 사실 그것이 직접 터득한 '나 자신을 돌보는 법'이었다.

---

*샐러리맨(salaryman)과 스튜던트(student)가 합쳐진 말. 공부하는 직장인.

스페인에 어학연수생으로 온 것도 이때였다. 이미 배어버린 '빠르고 완벽하게' 스위치를 끄고 싶었나 보다. 영어권이 아닌 나라에서 살면서 아예 다른 언어를 파고들고, '낯설지만 느린 보폭'의 일상에도 머물고 싶어졌다. 그래서 스페인어를 선택했고, 누구에게나 매력적인 바르셀로나가 아닌 발렌시아에 왔다. 한 번도 가본 적은 없는 곳이었지만 그저 해변이 가깝다는 것에 끌렸고, 스페인에서 세 번째로 큰 도시라는 점도 은근한 안도감을 주었다.

2016년 9월, 자정을 넘긴 어느 새벽에 낯선 곳에 도착했다. 어학원에서 미리 연락해 준 택시 기사는 노란 불빛이 큰 아름드리나무와 야자수를 비추는 집 앞에 커다란 짐 꾸러미들을 내려두고 열쇠 봉투를 건넨 뒤 홀연히 떠났다. 이제 낯선 공기가 흐르는 조용하고 어스름한 거리에 홀로 남았다. 아직 열기가 가시지 않은 여름밤, 내가 마주한 9월 발렌시아의 첫인상이다.

아기가 새로운 것들을 반복해 접하면서 말을 떼고 세계를 습득해 가듯, 나도 매일 걸으며 온몸으로 도시를 조금씩 감각해 갔다. 지어진 연도가 적힌 고풍스러운 건물과 시선을 사로잡는 미감의 자취를 발견하면 나만의 이정표로 삼아 기억하고, 지나칠 때마다 슬그머니 미소를 지었다. 구도심의 좁은 골목을 헤매다 거친 벽을 어루만지고 있는 그라피티를 발견하는 매 순간 설레며 거리 예술을 만끽했다. 스페인어 수업이 끝나면 친구들과 점심 세트 메뉴를 파는 메누 델 디아menú del día 맛집으로 향했고, 곁들일 음료로 레몬 맛 맥주인 끌라라clara를 시키는 데 능숙해졌다. 여유롭고 게으른 수다를 주고받다 마음이 맞으면 해변가로 향했다. 집 앞에 죽 펼쳐진 흔한 키 작은 오렌지 가로수도, 붉은빛이 엷게 물들며 저물어가는 하늘을 배경으로 무심하게 서 있는 야자수도 매일 새로워 한참을 쳐다보고 사진을 찍어댔다. 슈퍼마켓이 아닌 동네 시장에서 하몬과 올리브를 사면서 살갑게 안부를 나누는 사람들도 생겼다. 선명한 색채를 뽐내는 감미로운 제철 과일까지 골라 담고 나면 에코백이 꽉 찼다. 생각을 비우고 계절의 향을 깊이 들이마시며 공원을 걸을 여유도 생겼다. 사소해서 더욱 소중한 순간들이 쌓여갔다. 그때 나는 이 다정한 도시와 사랑에 빠졌다. 나도 모르는 사이에 서서히.

하지만 말을 트기 시작하고 이곳의 일상이 점차 익숙해질 무렵, 퇴사 대신 5개월의 휴직을 허용해준 회사로 복귀해야 했다. 서울로 돌아와서도 계속 그곳을 꿈꿨다. 그러다 한국인에게는 생소하지만 보석 같은 이곳을 보여주고 싶은 마음에 책을 쓰겠다고 다짐했다. 결국 일 년 뒤 퇴사를 감행하고, 이 도시의 반짝이는 이야기 조각들을 찾아다녔다. 그리고 『사적인 가이드북 두 번째 스페인, 발렌시아(니케, 미진사)』를 펴냈다. 스페인을 두 번째로 여행한다면 발렌시아로 갔으면 하는 바람을 담은 것이었다.

다시 반복되는 회사원 생활이라는 굴레를 쓰고도 자석에 이끌리듯 매해 어떻게 해서든 이곳을 방문했다. 화려하고 번뜩이는 시류에 기꺼이 휩쓸리는 대도시형 인간이었던 나를 변함없이 맞이하고 쉴 수 있도록 해주는 안식처를 찾은 느낌이랄까. 팬데믹으로 인해 2년 넘게 재택근무가 이어져 지쳐가던 2022년 여름 무렵, 나는 또다시 나를 돌보는 쪽을 택했다.

다시 찾은 발렌시아가 이제 일상의 배경이 되어

가던 그때, 친하게 지내던 아티스트 친구 라껠의 오게라hoguera(모닥불) 채팅 그룹에 자연스럽게 초대됐다. '어머나, 소원이 이뤄졌네!' 속으로 얼마나 기뻐했는지 모른다. 사실 2019년 산후안의 날 처음 파도를 넘을 때, 가까운 미래에 다시 돌아와 이날에 내 친구들과 함께 불을 지피며 소원을 빌 수 있게 되기를 빌었기 때문이다.

마침 손뜨개로 예술 작품을 만드는 라껠에게는 나무 프레임을 짜면서 모아둔 나무 조각들이 있었다. 버스 정류장에서 일행과 만나 다 같이 준비한 것들을 나눠 들고 가까운 말바로사Malvarrosa 해변가로 향했다. 커다란 행사용 스피커까지 챙겨 온 그룹들은 유행하는 팝, 레게톤, 탱고 등 다양한 음악에 맞춰 춤을 추었고, 취사 금지인데도 불구하고 소시지까지 굽고 있었다. 어이없게도 우리 일행 중에는 라이터를 챙겨 온 이가 없었지만 광란의 파티를 벌이고 있는 다른 사람들에게 라이터를 빌릴 수 있었다. 살살 입으로 불어가며 불씨를 살리고, 연신 부채질을 해가며 서투르게 불을 피웠다. 드디어 활활 타오르는 우리만의 모닥불이 생겼다!

각자 싸 온 맥주와 와인, 하몬과 치즈, 감자칩 등을 꺼내 나눠 먹으며 한참 이야기를 하다 보니 벌써 땅거미가 졌다. 시간을 보니 밤 11시다. 바닷가는 일렁이는 불길로 가득해 매캐한 연기가 가득해졌다. 아슬아슬 위험하게 모닥불을 뛰어넘기도 하고, 춤 대결을 벌이기도 하며 모두 타인을 아랑곳하지 않고 자기 방식대로 축제를 즐겼다. 그리고 자정이 되는 순간, 모두 소리를 지르며 바다로 뛰어들었다. 우리도 질세라 달려가, 속으로 하나에서 일곱까지 세며 파도를 넘었다.

 이제 내게 발렌시아는 더 오래 머물 삶의 배경이 되었다. 찬찬히 돌이켜보면 내게 살갑기만 했던 것은 아니다. 그립고 애틋하기만 한 장소도 아닐지 모른다.

 하지만 여전히 소소한 기쁨의 순간과 훈훈한 일상으로 나를 형성하는 곳이다. 보편적이지만 이국적인 모습들, 사소해서 오히려 특별했던 경험들, 나를 붙잡아준 다정한 위로들, 시간이 빚은 감정의 이야기들을 떠올려 본다. 그리고 나의 두 번째 산후안의 날에 빌었던 소원을 곱씹어 봤다.

'생각해 보니 이루어졌네.'

 우여곡절이 많았지만, 여전히 나는 여기에 머물고 있으니까. 그래서 나는 다시, 언젠가 이루어질 소원을 생각하며 산후안의 날을 기다린다.

세비야라는 느긋한 리듬
sevilla

김호영

📷 sevillaole_

2년이나 고심하여 준비한 세계일주가 첫 여행지였던 세비야에서 멈췄다. 못다 한 세계일주는 남은 인생에 걸쳐 천천히 해나갈 계획이다.
자타공인 최고의 스페인 전문가가 되는 것을 목표로 스페인 구석구석을 여행하고 공부하며 살고 있다. 지금은 스페인 공인 가이드로서, 여행자들에게 나의 사랑 세비야를 소개하고 있다.

2016년 3월, 우리는 퇴사했다

청춘의 끝자락을 사무실에서만 보내기는 싫다는 피로감, 이대로는 훗날 후회할지도 모른다는 불안감이 쌓이고 있었다. 누구나 알 만한 회사에 다니며 경제적으로도 나름 안정적이었지만, 그 아랫목에 더 앉아 있으면 안 될 것 같았다.

2년 정도 시간을 내어 배우고 싶은 것을 배우고, 가고 싶은 곳에 가보겠다는 호기가 생겼다. 하지만 역시 가장 중요한 것은 '돈'이었다. '고진감래'뿐 아니라 이제는 '감진고래'라는 것도 알 만한 나이였다. 2년간 쓸 돈, 돌아온 후 조그만 전세방 구할 만한 돈은 필요했기에 덜 사고 덜 즐기며 2년 반 정도 대출을 갚고 돈을 모았다.

어려서부터 학교와 회사에서의 역할에 충실했던 우리의 첫 일탈은, 세비야에서 시작되었다. 우리의 계획은 스페인에서 스페인어를 배우고 나서 중남미를 시작으로 세계 어디든 가보고 싶은 곳을 2년간 누벼보자는 것이었다. 이렇게 맘껏 여행하면 행복할 줄 알았다. 5년 넘게 회사를 다니는 동안 일

년에 한두 번은 다녔던 해외여행이 가장 행복한 기억이었기 때문이다.

 그 행복한 기억 중에 스페인 여행도 있었다. 2014년, 결혼 1주년을 기념한 여행이었다. 마드리드에서 시작해 세고비아, 똘레도, 꼰수에그라, 그라나다, 네르하, 론다, 세비야의 동선으로 렌터카를 이용해 반시계 방향으로 이베리아반도 남부를 돌아보는 여정이었다.

 세비야에 도착하니 마침 1년에 한 번 있는 봄 축제, 페리아 데 아브릴 Feria de Abril이 한창이었다. 보랏빛 하까란다 jacaranda 꽃이 절정이었고, 거리에는 플라멩까*를 입은 여자들, 한껏 꾸민 마차와 말이 가득했다. 여행자의 눈에 비친 세비야는 말 그대로 환상의 나라였다.

 페리아에서 세비야 사람들의 열정과 흥을 처음 경험했다. 까세따&마다 이방인인 우리에게 기꺼이 와인잔을 건네고, 어깨를 걸어 함께 사진을 찍기도 했다. 대성당, 알까사르, 스페인 광장 등 내로라하

---

* flamenca 플라멩꼬풍 드레스
& caseta 축제를 위해 세운 간이 주점

는 관광지는 기억 속에서 곧 지워졌지만, 페리아에서 만난 사람들과 그 분위기는 좀처럼 뇌리를 떠나지 않았다.

 이런 기억 때문이었을까, 우리 여정의 첫 도시는 세비야로 정해졌다. 세비야에서 4개월, 바르셀로나에서 4개월간 어학원을 열심히 다녀 스페인어를 어느 정도 익힌 뒤에 중남미로 넘어갈 계획이었다.

세비야는 알던 것보다 더욱 '매력 있는' 도시였다

 다양한 민족, 인종이 거쳐간 이베리아 반도 역사의 중심인 세비야에는 볼거리, 먹거리, 즐길 거리가 넘쳐 난다.

 우리도 여느 여행자처럼 대성당, 알까사르, 스페인 광장 등 역사적인 건축물을 찾아가고, 미로처럼 얽힌 좁은 골목을 걸으며 세라믹으로 꼼꼼히 장식된 발코니, 오렌지 나무로 가득한 작은 광장을 찾아내는 재미를 느꼈다. 따빠스 바에 앉아 시원한 맥주에 다양한 로컬 음식을 맛보며 먼지 한 점 없어 보이는 파란 하늘을 올려다보는 것만으로도 천국에 온 것 같았다.

플라멩꼬, 투우, 축구, 오페라 등 다양한 경험을 통해 세비야 사람들의 예술성, 열정을 체험할 수 있었고, 세마나 산타Semana Santa(부활 주간)와 봄 축제 때는 전통에 대한 그들의 자부심이 얼마나 큰지 느낄 수 있었다.

그해 우리는 세비야의 역사, 문화, 예술, 음식 등을 경험하며 꽉 찬 시간을 보냈다. 분명 세비야는 여행할 이유가 차고 넘치는 곳이다. 하지만 좀 더 깊게, 그리고 오래 살아보면서 찾아낸 세비야의 진짜 매력은 '사람살이'에 있었다.

세비야 사람들은 참 느리고 답답해 보였다. 우리가 처음 머문 곳은 구시가지에서 가까운 6개월 임대 아파트였다. 간단한 가구나 집기는 있었지만 현대인에게 가장 중요한 인터넷 설치는 우리 몫이었다. 늘 오가는 길에 있던 통신사 매장에 들어갔는데, 직원이 어찌나 친절하게 맞아주던지 서툰 스페인어로도 기분 좋게 계약을 끝마쳤다. 그때는 몰랐다. 스페인에서는 일이 너무 순조롭게 진행되고 있다면 그건 무언가 잘못되고 있다는 뜻이라는 것을….

며칠 후 첫 번째 설치 기사가 왔다. 한참을 낑낑 대더니 우리 단지에는 설치할 수 없는 상품을 계약했다고 한다. 일전에 세상 친절하던 직원이 추천해 준 상품이었다. 아마도 우리 주소를 꼼꼼히 확인하지 않고 추천한 모양이다. 매장에 다시 찾아가 다른 상품으로 바꿔서 계약을 했다. 이번에도 역시 그는 친절했다.

약 2주 후 두 번째 설치 기사가 왔다. 한참을 낑낑 대더니 본인이 라우터를 잘못 가져왔다고 한다. 인터넷 상품마다 호환되는 라우터가 다른데, 상품이 바뀌는 과정에서 실수를 한 모양이다. 다시 약 2주 후 그는 돌아왔고, 우리는 드디어 인터넷을 갖게 되었다.

이후로도 은행, 관공서, 상점 등등 어디를 가도 비슷한 일들이 참 많이 벌어졌다. 처음에는 혹시 이게 인종차별인가 싶었지만, 나중에 보니 현지인들도 똑같이 겪고 있는 고통이었다.

 이런 속 터지는 일화를 들며 '사람살이'에 매력이 있다고 하니 꽤나 의아할지도 모르겠다. 하지만 이렇게 느슨하고 느린 사회에 사는 사람들이 보다 덜 경쟁하고, 덜 고통받는다는 사실을 이내 깨달았다. 정확하고 빠른 사회, 실수가 용납되지 않는 사회에서는 그로 인한 편익만큼 '스트레스'라는 비용을 지불하는 것은 아닐까? 경쟁이 자리를 비워야 그 틈에 여유와 배려가 싹틀 수 있는 것은 아닐까?

 서울보다 훨씬 느리고 얼렁뚱땅 돌아가는 듯한 세비야에는, 갓 구운 쿠키를 맛보라며 초인종을 누르는 이웃이 있었고, 채소 가게에는 여러 감자의 쓰임을 친절히 설명해 주는 주인장이 있었다. 출근 시간대에도 유아차와 휠체어의 승하차를 기꺼이 기다려 주고, 동양에서 온 낯선 이의 어눌한 말, 둔한 행동에도 미소를 잃지 않는 세비야 사람들의 마음은 적어도 우리보다는 넉넉한 듯했다.

 특히 세비야살이 첫해에 우리에게 가장 충격을 준 장면은 남녀노소가 모여 있는 광장의 풍경이었다. 흔한 장면이라고 여길 수도 있지만, 한국에서 그런 곳을 찾아보라고 하면 이야기가 달라진다. 재잘재잘 광장에서 뛰어노는 아이들, 삼삼오오 모여 정신없이 수다를 떨면서 곁눈질로는 아이들을 지키는 부모들, 고요하게 무알콜 맥주를 즐기는 노인들, 이렇게 다양한 연령의 사람들이 한자리에 모여 있는 모습을 본 게 언제였던가. 저마다의 리듬으로 여유롭게 일상을 만끽하는 그들의 모습에서 한없는 여유로움, 삶에 대한 애정이 느껴졌다. 세대 간, 성별 간, 계층 간 분열과 갈등이 팽배하고, 점차 무한 경쟁으로 치닫는 대한민국 서울에서는 좀처럼 보기 힘든 모습이었다.

우리는 그들의 삶의 태도를 배워보고 싶었다. 넉넉하고 순박한 세비야 사람들이 우리에게 말하는 것 같았다.

"세비야에 좀 더 살아보지 않을래?"

그렇게 우리는 세비야에 빠져들고 있었다. 바르셀로나에서 보내기로 한 4개월을 1개월로 줄였다. 그래도 나중에 후회할지 모르니 바르셀로나에서도 한달살이 정도는 해보자는 생각이었지만, 이미 세비야에 빠져버린 우리에게 바르셀로나는 그저 '예쁜 서울'처럼 느껴졌다. 늦가을이라 그랬을까? 바깥 공기도, 사람들의 표정도 차갑게 느껴졌다. 우습게도 바르셀로나에 있는 동안 우리의 세비야앓이가 시작된 것이다. 한 달을 채운 뒤 우리는 세비야로 돌아왔고, 계획했던 중남미 여행은 2025년 현재, 여전히 출발 전이다.

2025년 현재, 세비야살이 10년 차

세비야도 여전하다. 세비야 사람들이 지켜온 문화유산, 축제, 예술 등은 변함없이 수많은 여행자를 불러 모은다. 다만 물가가 많이 올랐고, 세계화 물결이 들이닥치고 있다는 점도 부정할 수 없다. 개성 넘치는 상점, 백 년 넘게 지켜온 맛을 선보이던 식당들이 사라지고, 글로벌 기업의 간판이 사방에 걸리고 있다. 하지만 이것은 현지에 살고 있는 우리가 느끼는 변화일 뿐, 10년 만에 세비야를 찾은 여행자가 구시가지만 보고 간다면 변한 게 없다고 느낄지도 모른다.

우리에게는 여러 변화가 있었다. 가장 큰 변화는 아이가 태어났다는 점이다. 2018년 태어난 딸은 어느새 초등학생이 되었다. 장기 여행자처럼 살던 우리는 아이가 태어난 후 스페인 사회에 좀 더 깊숙이 들어갈 수밖에 없었다. 스페인의 제도를 익히고, 문화에 참여하며, 교육에 관심을 가지게 되었다. 그리고 가이드로 일하며 우리가 열심히 찾아낸 세비야의 매력을 워킹투어를 통해 여행자들에게 소개하고 있다. 학위를 받고 언어를 익혀 안달루시아의 공인 가이드가 되었고, 현지인들과도 활발히 교류하며 일하고 있다.

일상은 그리 복잡하지 않다. 우리가 사랑하는 세비야를 소개하는 일이기에 체력 소모는 크지만 정신적 스트레스는 거의 없다. 쉴 때는 자전거, 빠델*, 독서, 낮잠, 게임, TV 시청 등의 뻔한 취미를 즐긴다. 간혹 이웃, 학부모들과 음식을 나눠 먹으며 수다를 떤다. 평범하게 반복되는 일상에서 행복을 찾으려고 노력한다.

이따금 쉬는 날에는 가까운 산, 바다로 바람을 쐬러 나간다. 대서양은 한 시간, 지중해는 두 시간 반

---

* Pádel 스페인, 중남미에서 인기 있는 라켓 스포츠의 일종

가량 차를 몰면 도착할 수 있다. 그라나다, 말라가, 꼬르도바 등 세계적인 관광 도시, 다양한 테마로 축제가 열리는 아기자기한 소도시가 주변에 가득하다. 비행기로 한두 시간 거리에는 모로코와 프랑스, 이탈리아가, 차로 한두 시간 거리에는 포르투갈이 있다. 이국적인 정취를 느끼고 싶다면 큰 망설임 없이 떠날 수 있다.

흔히 사람 사는 곳은 다 똑같다고 한다. 어디에나 희로애락이 공존하며, 완벽한 낙원은 없을 것이다. 세비야도 마찬가지다. 세비야 사람들의 하염없는 여유는 조급한 한국인을 성나게 하기도 한다. 세비야는 새로운 문화를 받아들이는 게 더디기에, 빠르게 변하는 대도시의 삶이 궁금해지기도 한다. 설, 추석에는 별 감흥이 없지만, 부활절이나 성탄절 같은 이곳의 명절에는 가족, 친지가 모이는 모습을 보며 가슴 시린 향수병을 앓기도 한다.

하지만 우리는 여전히 세비야를 사랑한다. 세비야는 우리 부부의 삶의 쉼표이자 전환점이 되어 주었다. 좋아하는 일을 하고 소박한 행복을 추구하며 사는 법을 가르쳐 준 고마운 도시다. 10년 전 그날

그 광장에서 각자의 리듬으로 시간을 보내던 스페인 사람들을 보았을 때, 그때 나는 이 도시와 사랑에 빠졌다.

그리고 지금도, 그 사랑은 여전하다.

365일 중 300일이 맑은 말라가에 삽니다
Málaga

어다은
✉ daeun.eo@gmail.com

말라가 주민이다. 1년 살러 온 게 6년이 됐다.
한국과 코스타리카를 거쳐 스페인에서 한국어를 가르치고 있다.
5월의 체리, 7월의 납작 복숭아, 9월의 말라가산 망고를 기다리며 1년을 보낸다. 여름에는 물속에서 시간을 보내고, 겨울에는 아주 추운 나라로 여행 가는 걸 좋아한다.

2019년 9월, 커다란 여행 가방 두 개와 배낭 하나, 마틴 백패커 기타 하나를 들고 말라가 코스타 델 솔 공항에 도착했다. 일요일 저녁이라 따로 픽업해 줄 사무실 직원이 없었는지 학과장님이 친히 나오셨다. 한 남자분과 같이 오셨는데 그분은 무려 부총장님이셨다. 화상 면접 때 뵌 적이 있는 학과장님은 한국어를 너무 잘하셔서 나도 모르게 한국식으로 허리를 숙여 꾸벅 인사했는데, 부총장님은 다가와서 볼 뽀뽀를, 그것도 양쪽 뺨에 두 번씩이나 하셨다. 볼 뽀뽀를 받고 나니 드디어 스페인에 도착했다는 게 실감이 났다.

 공항을 빠져나오니 바다가 나왔다. 가로등 불빛 아래 어둠이 깔린 해변을 따라 운동하고 산책하는 사람들이 보였다. 깜깜한 시간에도 밖에 사람들이 많은 걸 보니 이 도시는 안전하겠구나 싶어 약간의 안도감이 들었다. 스페인어 숫자 17과 70이 헷갈려 주소를 잘못 알려드린 바람에 시내를 한 바퀴 빙 돌아 겨우 숙소에 도착했다.

 스페인에는 여행조차 와 본 적 없는 내가 살게 될 곳은 안달루시아 자치구 말라가주의 주도인 말라가라는 곳이었다. 면적은 서울의 반만 한데 인구는 17분의 1밖에 안 되고, 겨울에도 최저 기온이 7도로 온화하며, 일 년 내내 파란 하늘을 볼 수 있는 곳으로 유명하단다. 말라가주를 따라 이어지는 해안을 태양의 해안Costa del Sol이라고 부를 만큼 날씨가 좋고 비행편도 많아서 유럽 전역에서 관광객이 모여드는 관광지라고 한다. 이웃 나라 유럽의 프랑스보다 바다를 사이에 둔 북아프리카 모로코가 더 가까운, 남유럽 스페인에서도 남쪽에 살게 된 것이다.

다음 날 아침, 일어나자마자 숙소 바로 옆 카페에 아침 식사를 하러 갔다. 전날은 어두워서 몰랐는데 아침에 보니 가로수가 다 야자수다. 노천카페에서는 작업복을 입은 사람들과 동네 사람들이 아침 식사를 하고 있었다. 그들 사이에 자리를 잡고 앉아 삐뚜포pitufo라고 부르는 작은 바게트와 커피를 주문했다. 적당히 구워진 삐뚜포에 간 토마토를 얹어 올리브유를 뿌리고 소금을 살짝 쳐서 한입 베어 물고는, 주위를 둘러봤다. 한국 길보다 두 배는 넓어 보이는 잘 닦인 인도는 반들반들하고 하늘은 새파랗다. 누구 하나 찌푸린 얼굴 없는 사람들 속 다정한 스페인어 소리를 듣고 있으니, 입꼬리가 점점 올라갔다. 입에 넣은 빵까지 너무 맛있어서 배시시 웃다가 나도 모르게 "어떡해, 너무 좋아!"라는 말이 튀어나왔다. 본격적으로 한번 살아보기도 전에, 그때 나는 이 도시와 사랑에 빠져버렸다.

기본값 맑음

말라가에 살고부터 일기예보를 잘 확인하지 않게 됐다. 한국에 살 때는 우산을 챙겨야 할지 어떤 옷을 입어야 할지 결정하느라 매일 봤는데, 여기서는 어차피 일기예보를 봐도 일주일 내내 맑음, 맑음, 맑음이다. 가끔가다 흐림이 뜰 때도 있지만 오전에 잠깐 흐리다 오후가 되면 다시 쨍하게 해가 올라온다. 그렇다. 말라가는 365일 중 300일이 맑기로 유명하다. 사계절이 모두 있어 더운 날도 추운 날도 있지만, 파란 하늘과 햇빛이 기본값이다.

좋은 날씨는 사람을 너그럽게 만든다. 날씨가 좋으니까 기분이 좋고, 기분이 좋으니까 쉽게 친절해진다. 사람들이 친절하니까 또 기분이 좋아진다. 이런 선순환의 연속이다. 물론 기분이 가라앉고 짜증 나는 일이 생길 때도 있다. 그럴 때면 볕이 잘 드는 카페 테라스나 바닷가에 가 앉는다. 30분만 햇볕을 쬐면 눅눅했던 마음이 여름날 빨래처럼 바싹 마른다. 그러니 인상 쓸 일도, 인상 쓰고 있는 사람들을 마주치는 일도 별로 없다. 좀 찌푸리고 있다가도 웃고 있는 사람들하고 몇 마디 이야기를 나누다 보면 금세 표정이 펴진다. 웃음은 쉽게 전염된다.

비와 흐린 날이 귀한 말라가에 살다 보니 날씨에도 관대해졌다. 한국에 살 때는 그렇게 싫어하던 비 오고 흐린 날이 좋아졌다. 특히 종일 집에 있는 날, 아침부터 구름이 끼어 있으면 '어머, 오늘 흐린 거 아니야?' 하며 설레다가, 오후가 되고 다시 해가 쨍하게 나면 실망하기도 한다. 집에서 게으르게 뒹굴뒹굴하고 싶은데, 날씨가 너무 좋으면 왠지 모르게 밖에 나가야 할 것만 같으니까. 퇴근길에 빗방울이라도 떨어지면, 얼른 집으로 돌아가 잠옷으로 갈아입고 이불 속에 폭 들어가 재미있는 것들 볼 생각에 마구 신이 난다. 비 오는 날 신나 하는 나라니, 이렇게 생소할 수가. 날씨 좋은 곳에 살며 흐린 날의 미덕을 알게 됐다.

 하지만 아무리 좋은 것도 흔하면 귀하게 여겨지지 않는다. 좋은 날이 기본값이 되니 미세먼지 없는 파랗고 깨끗한 하늘을 질리도록 볼 수 있는 게 얼마나 큰 행운인지 종종 잊곤 했다. 그럴 때면 가끔 춥고 흐린 곳으로 여행을 떠난다. 한국에서는 겨울만 되면 따뜻한 나라로 도망가기 바빴던 내가 크리스마스 연휴 때마다 춥고 해가 일찍 지는 겨울 왕국만 골라 여행하게 된 건, 일 년 내내 아낌없이 해가 나는 말라가에 살기 때문에 가능한 일일 거다. 해가 일찍 지면 숙소로 들어가 어둠을 즐기며 푹 쉬면 된다. 어차피 말라가로 돌아가면 햇볕은 넘칠 만큼 쬘 수 있다. 여행 중 며칠째 해를 제대로 못 보면 슬슬 집에 가고 싶어지고, 말라가에 도착해 쨍한 하늘을 보면 금세 행복해져 다시 감사하는 마음으로 살아진다.

작은 도시의 단순함

 말라가에서는 차를 타거나 대중교통을 이용할 일

이 그렇게 많지 않다. 도시가 작다 보니(그래도 스페인에서 여섯 번째로 큰 도시다.) 말라가 도심 안에서 웬만한 데는 다 걸어갈 수 있다. 내가 사는 곳에서 기차역까지 5분, 구시가지까지 15분, 해변까지는 10분, 모두 도보 기준이다. 공항도 도심에서 기차로 15분이면 간다. 구시가지의 말라가 메인 거리 라리오스Larios 길 끝에서 횡단보도만 건너면 바로 바다가 나온다. 해질녘이면 연보랏빛으로 물든 하늘을 볼 수 있는 항구 산책로를 따라 조금만 걸으면 말라가 대표 해변인 말라게따Malagueta로 연결된다. 구시가지에서 성당과 로마 극장, 알람브라의 미니 버전인 알까사바, 광장과 같은 인간이 만든 것들을 보는 것에 지치면 바닷가로 건너가 자연과 마주할 수 있다. 교통수단에 의존하지 않고 필요한 것들을 해결할 수 있는 도시는 생활을 단순하게 만들어 준다. 언제든 어디든 내 두 다리로 닿을 수 있다는 감각이 나를 자유롭게 한다.

도시 규모가 작은 것치고 말라가는 문화생활 인프라가 잘 갖춰져 있다. 피카소의 고향답게 피카소 미술관도 있고, 다양한 스페인 화가들의 작품을 감상할 수 있는 까르멘 티센 미술관, 말라가 현대 미술관 CACCentro de Arte Contemporáneo de Málaga, 심지어 파리의 퐁피두 센터 분관도 말라가에 있다. 연극과 음악 공연을 즐길 수 있는 극장도 여럿 있고, 영화제며 재즈 페스티벌 같은 축제도 많다. 그런데도 한 번씩 대도시의 '힙함'이 그리워질 때가 있다. 말라가는 사람들이 생각하는 전형적인 지중해 연안 유럽풍의 도시라 힙한 것과는 거리가 멀기 때문이다. 그럴 때면 수도 마드리드에 잠깐 다녀오면 된다. 고속 열차를 타고 2시간 40분이면 도착한다. 말라가에 없는 가게에서 쇼핑도 하고 말라가에 부족한 아시아 음식도 먹으며 대도시의 다양한 옵션을 실컷 즐기다가 슬슬 사람에 치이고, 물가에 질리고, 너무 많은 선택지 앞에서 지치면 집에 갈 때가 된다. 선택지의 단순함이 불필요한 피로감을 줄여준다는 걸 말라가에 살면서 깨달았다.

소비 없이 도시를 즐기는 것

말라가에 산 지 3년쯤 됐을 때, 이 도시에 대한 권태가 심하게 온 적이 있다. 더 이상 새로운 장소도 없고, 가고 싶은 곳도 없고, 하고 싶은 것도 없었다. 이런 마음을 털어놓았더니 친구가 나를 새 서식지에 데려갔다. 해변이 끝나는 지점에서 시작된 산책로는 흔들다리와 올리브 나무 숲을 지나 새 서식지를 볼 수 있는 전망대로 이어졌다. 갑자기 전혀 도시 같지 않은 풍경이 펼쳐졌다. 숨겨진 호수 전망대 Observatorio de Laguna Escondida라는 이름처럼, 보이지 않는 곳에서 새들이 평화롭고 고요히 살고 있는 걸 보니 숙연해졌다. 나무로 만들어진 전망대의 뻥 뚫린 창에 팔을 하나씩 걸치고서 한참을 멍하니 앉아 있었다. 이렇게 가까운 곳에 자연을 보전하고 있는 곳이 있는지 전혀 몰랐다. 친구에게 말라가에 새로운 곳이 없다고 말한 게 부끄러워졌다.

그때까지 내가 도시를 즐기는 방식이란 늘 비슷했다. 새로운 카페와 식당을 찾아다니거나, 힙한 가게를 구경하거나, 공연, 전시, 영화 등의 문화생활을 즐기는 것. 그것도 즐겁고 의미 있지만 대개 소비를 전제로 하는 활동이었다. 말라가는 작은 도시라 이런 식으로 도시를 즐기면 오래가지 못한다. 커피 한 잔 들고 산책로 걷기, 먹을 거 가져가 해변에서 피크닉 하기, 그냥 걷기…. 말라가에 살면서

도시를 소비하지 않고도 누릴 수 있는 방법이 있다는 걸 알게 됐다. 도시가 주는 자극에서 벗어나 자연을 슴슴하게 즐기고, 느린 산책과 대화로 시간을 보내는 것의 즐거움을 알게 됐다.

 말라가에 산 지 어느덧 6년 차. 떠남과 머무름 사이에서 치열하게 고민해야 했던 때도 몇 번 있었지만, 이 도시를 떠나야 할 이유는 아직까지 찾지 못했다. 오래된 연인 관계처럼 좋다가도 가끔은 밉고, 권태도 오고, 다시 사랑이 차오르기를 반복하며, 뜨뜻미지근하지만 편안한 온도로 여전히 말라가를 사랑하고 있다.

똘레도, 사랑에 빠지는 순간
Toledo

바씰

hong_lazy_basil

수능 점수에 맞춰 별수 없이 스페인어 학과를 들어갔지만 이게 맞는 건가 고민하다, 직접 한번 가 보고 생각하자며 스페인으로 떠났다.

결국 스페인어를 제외한 다른 모든 것에 완전히 빠져버렸고, 똘레도에서 교환학생까지 하며 스페인을 더 사랑하게 되어 얼마전까지 한국에서 스페인식 카페 '이 마스'를 운영하기도 하였다. 지금도 호시탐탐 스페인을 끼워 넣은 무언가를 하려고 노리고 있다.

여행지에서 보낸 한 장면이 사진처럼 기억에 깊이 새겨진 경험을 해본 적이 있을 것이다. 흔히들 우스갯소리로 말하는 "이 조명, 온도, 습도… 전부 다 낭만적"이라는 말처럼, 어떤 순간은 그 사람만의 낭만이 섞인 한 장면으로 오랫동안 기억에 남게 된다.

8월의 한여름, 타오르던 해가 지고 나서야 겨우 어둑해진 밤 11시, 늦은 산책을 나와 똘레도의 대성당 앞 계단에 혼자 앉았다. 얼음이 녹지 않게 텀블러에 담아 온 위스키를 홀짝이며, 늦은 밤까지 뛰노는 아이들, 스페인의 대낮처럼 타오르는 다정한 연인들, 벤치에 앉아 늦게까지 이야기꽃을 피우는 할머니들을 바라보던 그 장면은 내 기억 속 깊숙이 새겨졌다.

그때가 똘레도에서의 생활을 시작한 지 세 달쯤 되었던 때였다. 몸도 마음도 이 도시에 익숙해져 '이제 나도 조금은 똘레다노toledano(똘레도 사람)가 되었구나' 하는 생각이 들던 그 여름밤, 시원한 바람처럼 온몸을 감싸던 여유를 느꼈던 그때, 나는 이 도시와 사랑에 빠졌다.

'톨레도'에 가본 사람은 많아도 '똘레도'를 제대로 경험한 사람은 드물 것이다. 같은 도시를 말하고 있음에도, 내게는 그 의미가 분명 다르게 느껴진다. 그저 가봤는가, 아니면 제대로 느껴봤는가의 차이랄까. 그래서 누군가 내게 '정말 똘레도를 느끼고 왔느냐'고 묻는다면, 나는 망설임 없이 그렇다고 답할 수 있다. 내가 사는 동네인데도 그 복잡하게 얽히고설킨 골목에서 길을 잃고 헤매기도 하고, 산책길에서 새로 만나는 동네 사람들과 안면을 트고 짧디짧은 스페인어 실력으로 잡담을 하고, 동네 꼬마들에게 "칭챙총" 소리를 들으며 돌도 맞아 보고, 똘레도를 느끼러 온 한국 여행자들에게 맥주 한잔 얻어 마시는 값으로 가이드 역할도 하면서 이 도시를 누구보다도 깊이 경험했기에 감히 똘레도를 온전히 느끼고 왔다고 당당히 말할 수 있다.

 교환학생 신분으로 똘레도에 처음 도착했을 때 가장 먼저 느낀 것은 기대도 불안도 아닌 단 하나, '더위'였다. 한여름 스페인의 더위가 무지막지하다는 이야기는 익히 들었지만, 실제로 겪어보니 예상보다 훨씬 심한 수준이었다. 게다가 똘레도는 스페인에서도 손에 꼽힐 정도로 덥고 건조한 도시라고

하니, 그해 7월에 버스에서 내려 느낀 그 더위는 지금도 잊지 못할 정도이다. 대구에서 나고 자라 더위에는 익숙하다 못해 40도의 더위조차 일상 온도 수준이라고 말할 수 있는, 일종의 '더위부심'이 있었지만, 건조한 스페인 더위의 맛은 색달랐다. 익숙하면서도 낯선 맛, 그것이 똘레도에 대한 내 첫 기억이다.

 개인적인 애정을 빼고 솔직하게 말하자면, 한국에서 똘레도는 흔히 '마드리드 근교'나 '세고비아와 함께 당일치기 가능한 도시' 정도로 알려져 있지 않나 싶다. 반나절, 혹은 그보다 더 짧게 스쳐 지나가는 작은 도시. 실제로도 다들 그렇게 지나치듯 들렀다 가는 것을 똘레도에서 지내는 동안 (사짜) 가이드를 하며 늘 보아왔었고. 똘레도에 살다 온 사람으로서는 분한 일이지만, 이미 그렇게 인식되고 있는 것을 어쩔 수는 없다. 결국 '근교 도시'란, 중심이 되기엔 부족한 위치일 테니까.

 그렇지만 하필이라면 하필이려나, 내가 나고 자란 대구를 떠나 대학 생활을 한 곳은 수도 서울의 근교인 역사 도시 수원이었다. 세련된 강남이나 홍대 같은 큰 번화가의 화려함이 그리울 때마다 놀러 가던 서울은 45분 거리. 똘레도의 구시가지에서 유일무이한 찐 디스꼬떼까discoteca '라 누잇La Nuit'에 질려 클럽 원정을 가곤 했던 수도 마드리드 역시 45분 거리. 유치하지만 운명같이도 느껴지는 평행 이론처럼, 분명 한국을 떠나 13시간 이상을 날아왔음에도 그런 것에서조차 익숙함이 느껴지는 도시가 바로 똘레도였다. 적어도 작고 조용하고 놀 것 많이 없는 똘레도의 교환학생에게는 수도의 근교라는 점이 큰 위안이 되어주고는 했다.

 비단 똘레도만의 특징은 아님을 알지만, 참 정이 많은 곳이라는 것조차 닮아 있었다. '정'이란 것이 한국 특유의 문화이자 감정이라고 생각했지만, 스페인에서 느낀 감정들 역시 한국의 정과 크게 다르지 않았다. 스페인의 정을 얘기할 때 무엇보다 먼저 생각나는 것은 돈이 없던 교환학생 시절에 '우나 까냐una caña 작은 맥주 한 잔'만 시켜도 식사가 될 만큼 안주를 주시던 식당 드라고스Restaurante Dragos 사장님 헤수스와 그의 가족들이다. 1유로짜리 맥주만 시키는 우리에게 헤수스는 싫은 기색도 없이 행주를 흔들며 "학생들이 무슨 돈이 있냐! 그냥 편하게 먹고 마시고 가서 공부 열심히 하다 돌아가!"라며 웃는 얼굴로 으름장 아닌 으름장을 놓으며 삔초pincho 서너 개를 테이블에 툭 놓고 가곤 했다. 그때 느낀 정이 나의 톨레도 생활에 큰 의지가 되었기에 귀국 전에는 드라고스의 메뉴판을 번역해서 한국어 메뉴판을 만들어 주기도 했다. 몇 년 전 한국에서 스페인식 카페인 '이 마스Y MÁS'를 열 때도 인테리어뿐 아니라 영업 방식에서 가장 큰 모티브로 삼았던 곳이 바로 드라고스였다. '단골들에게, 특히 학생들에게 야박하게 계산해가며 주지 말고 드라고스의 헤수스처럼 행동하기.'

드라고스 외에도 스페인만의 정을 느끼게 해준 사람이 많다. 교환학생이 끝나고 몇 년 만에 방문했음에도 여전히 따스하게 맞이해 주시던 올리브 갤러리의 삼촌들. 당시 처음 해보는 타국 생활에 적응하지 못하던, 극히 내향적인 나를 끄집어내어 클럽 투어와 로컬 식당 투어, 동네 잔치며 결혼식 구경 등 톨레도의 다양한 모습을 경험하게 해준 삐소 꼼빠르띠도piso compartido(셰어하우스) 친구들과 에라스무스* 친구들, 신혼여행으로 7년 만에 톨레도를 다시 찾은 우리 부부에게 당연하다는 듯 무상으로

---

* Erasmus 유럽 연합 내 교환학생 프로그램

8명은 너끈히 들어갈 숙소를 내주고 픽업 서비스까지 해주시던 또 다른 헤수스 아저씨 등. 연말 시상식의 수상 소감처럼, 나열하려면 끝도 없을 만큼 많고 많은 사람들이 이방인인 우리에게 자신들의 '정'을 나눠주곤 했다. 물론 이 만남들이 내 개인적인 경험에 지나지 않음을 알지만, 오래된 소도시만의 정은 분명 다른 도시의 정보다 더 진하고 깊다고 감히 말하고 싶다.

이렇게 여러모로 너무나 닮아 있었다. 그 전까지는 알기는커녕 들어보지도 못했던 '똘레도'라는 공간에서의 삶이, 조금 거창하게 말하자면 마치 운명처럼 다가온 듯, 내가 살아온 날들과 너무나도 닮아 있었다. 멀리 떠나 왔지만, 공간적으로나 심적으로나 내가 지내온 곳들-그곳이 동네든지 도시든지 나라든지-과의 동질성이 내게는 무척이나 짙게 느껴졌기에 더욱 이 도시를 사랑할 수 있었다.

너무나 사랑해 마지않는 도시임에 틀림이 없긴 하지만, 사실 내게 똘레도라는 도시는 서툴고, 무섭고, 외롭던 교환학생 시절을 보낸, 참 힘들었던 기억이 가득한 도시이기도 하다.

똘레도를 방문하는 사람이 백이면 백 들러 가는 곳 중 하나는 스페인의 국영 호텔인 똘레도 빠라도르Parador de Toledo일 것이다. 똘레도를 끼고 돌아 포르투갈까지 흘러가는 따호 강Río Tajo을 지나 구시가지 바깥 언덕 자락에 위치한 빠라도르에는 똘레도 구시가지 전경이 한눈에 보이는 카페 테라스가 있다. 그곳에서 마시는 커피는 교환학생에겐 조금 비싼 가격이었지만, 머리가 복잡할 때는 밥 먹을 돈을 줄여서라도 그곳에 가서 몇 시간씩 앉아 있고는 했다. 스물다섯 살, 군대에서 복학하고 떠나온 교환학생의 신분이어서 할 수 있었던, 그때는 너무나 감당하기 무거웠던 고민들-나는 왜 이곳까지 와 있는가, 부모님의 지원 덕분에 와 있는 지금 내가 그 값어치를 하고는 있는가, 스페인어를 공부하기로 한 이 길이, 이 선택이 맞기는 한 것인가 등-을 빠라도르의 카페 테라스에서 수없이 되뇌며, 2.5유로라는 커피값도 잊을 만큼 넘쳐나던 고뇌들을 그나마 탁 트인 똘레도 구시가지 풍경을 보며 달래곤 했다.

내 타고난 내향적인 성격은 언어를 체득하는 데에는 너무나 큰 걸림돌이 되었고, 애써 성격에 맞지 않는 노력을 해보았지만 결국은 나와는 맞지 않는 일이었다. 그렇게 보낸 6개월의 시간 동안 똘레도 구시가지의 그 작은 공간들은 내게 너무나 큰 답답함으로 느껴지게 되었다. 결국 스페인의 가장 큰 기념일 중 하나인 1월 6일 동방박사의 날, 똘레도의 가장 큰 광장인 소꼬도베르 광장 Plaza de Zocodover에서 열리는 페스티벌을 보려고 3분 거리의 길을 홀로 걷는 동안 세 번의 인종차별을 당한 후, 이곳에서 나는 여전히 이방인일 뿐임을 느끼고 귀국을 서두르게 되었다.

즐겁고, 행복하고, 또 따뜻했던 추억들만을 담고 싶었지만, 결국 마지막에 좋지만은 않은 기억을 가지고 떠나온 이 똘레도란 도시에 대한 이야기를 어떻게 풀어내야 할지 고민이 많았다. 내 도시에 대해 아름다운 이야기만 쓸 수 있었다면 좋았겠지만, 그것만으로는 나만의 똘레도를 솔직히 표현할 수 없었다. 좋은 기억들만 가지기에는 너무 그곳에 오래 깊게 스며들었고 또 사랑하게 되었기에 그만큼, 사랑하는 만큼의 상처도 있었을 뿐임을 이제는 알고 있다. 사랑에 행복만 가득 차 있는 게 아닌 것처럼.

교환학생을 다녀온 이후에도 스페인을 여행하게 될 때마다 잠깐의 시간이라도 내어 꼭 한 번씩은 들르고, 똘레도에서 알게 된 여러 사람들을 여전히 만나 그때의 추억들을 이야기하며, 또한 나처럼 똘레도에서 교환학생 시절을 보낸 사람을 만나 결국 결혼을 하고, 신혼여행 기간의 절반을 똘레도에서 보내는 등 새로이 쌓이는 추억과 경험들 덕분에 정말 이제는 이 도시를 누구보다 더 사랑하게 된 것 같다. 시간이 지나 '그것 또한 추억이지' 할 수 있는 나이가 되어가며 그때의 힘듦과 고민도 결국 추억이자 양분이 되었다는 것을 알고 있고.

작지만 오밀조밀하고 과하지 않은 뭉근한 매력이 있는, 마치 짙은 주황색의 해질녘 노을처럼 묘하게 예쁘고 아기자기한 곳. 역사, 문화, 종교, 음식, 건축, 예술 등 조금만 깊이 들어가 봐도 매력이 없는 것이 없는, 그야말로 모든 것이 무던히 잘 섞여 공존하는 도시. 내게는 결국 마지막까지 낯섦을 느끼게 했던 곳이었을지 몰라도 또한 그것을 덮을 만큼의 매력과 정과 친숙함이 있음을 알고 있기에, 이제는 당당히 내가 사랑하는, 가장 깊게 사랑에 빠진 공간이 되었다고 말할 수 있다. 내 미운 정, 애정이 듬뿍 담겨 섞인 나의 이 도시를, 이 글을 통해 누군가가 '톨레도'가 아닌 '똘레도'로 느껴보고 싶어 하게 된다면 더할 나위 없이 좋을 것 같다.

여름밤에 대성당 앞에서 위스키 한잔을 곁들여 보면 그건 훨씬 쉬운 일이 될 것이다.

사랑하는 나의 그라나다
Granada

가울

📷 ga.wool

세상의 빛나는 순간을 기록하는 일러스트레이터이자 여행가. 많은 이야기를 품은 사람이 되고 싶어 21개국 57개 도시를 느린 속도로 여행했다. 여행 속에서 세상이 베풀어준 다정한 순간들을 글과 그림에 담아 나누고 있다. 여행의 빛나는 기억은 밤하늘의 별과 닮아 있다. 바라보는 동안 일상의 무게가 덜어지고, 삶의 찬란함이 회복된다. 글과 그림으로 기록한 이야기들이 누군가에게 전해져 작은 별과 같은 위로가 되길 꿈꾼다.

만약 누군가가 나에게 영원히 바라보고픈 풍경을 마주한 적 있느냐 묻는다면 나는 그라나다의 석양이라고 답할 것이다. 어린 왕자가 몇 번이고 자리를 고쳐 앉으며 B612 행성의 석양을 바라보았던 것처럼, 나 역시 할 수만 있다면 그 언덕 위의 시간을 잡아당겨 거듭 석양의 순간에 잠겨 있고 싶었다. 그러나 그것은 소망일 뿐, 하루에 한 번 허락된 석양만으로도 내 영혼을 채우기엔 충분했다. 그토록 아름다운 풍경이었다.

 그 풍경이 그리워질 때면 나는 눈을 감고 그라나다의 기억을 찾아간다. 눈꺼풀 아래 흐르는 기억의 강에서 그라나다의 시간을 건져 올리면 가장 먼저 서쪽에서 불어오던 바람의 향기가 찾아온다. 투명한 바다처럼 푸른 하늘엔 분홍빛 석양이 물들고, 뒤편에선 작은 별이 떠오른다. 하늘의 팔레트가 찬란하게 펼쳐지는 동안 발아래에선 석류가 그려진 깃발이 펄럭인다(스페인어로 granada는 석류를 뜻한다). 깃발을 시작으로 언덕의 비탈길을 따라 도시가 펼쳐진다. 재스민이 늘어져 있던 하얀 담, 꽃향기가 내려앉은 들쑥날쑥한 높이의 계단, 담 너머 정원에 맺힌 오렌지와 무화과, 반질반질한 조약돌이 박혀 있던 좁은 길이 언덕 아래로 흐르는 시냇물처럼 건물 사이로 흘러내린다. 그 길을 오르내리던 서른 번의 낮과 밤이 떠오르고 가라앉는다. 부엌의 작은 창으로 작은 비구름이 서서히 다가오던 늦은 오후, 까만 방에 쏟아지던 아침 햇살과 장미향, 열린 창 사이로 들어와 햇살을 피하던 작은 도마뱀, 꽃 덤불 아래 잠들어 있던 길 위의 고양이들, 아득히 들려오던 누군가의 기타 연주에 귀를 기울이던 순간… 그리고 그 모든 기억 건너편에 황금빛 알람브라 궁전이 있다. 그라나다를 거쳐 간 수많은 이들의 기억을 품은 그 궁전에 잊을 수 없는 나의 기억도 잠들어 있다.

 사나흘마다 도시를 옮겨 다니던 첫 유럽 여행 중에 그라나다를 찾았던 유일한 이유는 알람브라 궁전이었다. 이른 아침 부지런히 언덕을 걸어 올라 여름 꽃이 활짝 핀 정원과 섬세한 타일로 덮인 회랑과 기둥을 보았다. 궁전을 거니는 사람들의 살과 눈을 태우려 발톱을 세우고 달려들던 태양을 피해 지붕 아래 몸을 숨겼고, 그늘 속 네모난 창 너머에서 반짝이던 알바이신 언덕의 풍경을 마주쳤다. 구름 한 점 없는 파란 하늘 아래 층층이 쌓여 있던 흰 벽은 햇빛을 반사해 눈이 부시도록 희게 빛났다. 비스킷같이 네모난 모래색의 지붕은 비스듬히 흰 벽 위에 놓여 있었고, 지붕과 담 사이엔 짙은 초록색의 정원수가 뾰족하게 자라나 있었다. 그 풍경을 마주한 순간, 그때 나는 이 도시와 사랑에 빠졌다. 나는 지나쳐 온 회랑과 정원, 꽃을 잊고 풍경에 빠져들었다. 마치 이 풍경을 보기 위해 바다와 땅을 건너 알람브라 궁전에 온 듯했다. 그 순간이 그곳에서 나를 기다리고 있었다.

여행이 끝나고 일상으로 돌아온 후, 그라나다의 기억은 천천히 존재감을 키워갔다. 처음에는 짧은 시간이 아쉽던, 언젠가 다시 한번 여행하고 싶은 도시로 기억되었던 그라나다는 점차 스페인에서, 유럽에서 가장 좋았던 도시, 언젠가 살아보고 싶은 도시가 되었고, 어느 순간 나는 3일의 기억을 추억하며 그라나다를 그리워하기 시작했다. 스스로도 이유를 알기 어려울 만큼 그곳으로 돌아가고 싶었다. 잠을 자기 위해 눈을 감으면 빛나던 알바이신 언덕의 풍경이 떠올랐다. 그 풍경 속에서 살아보고 싶었다. 결국 나는 4년 후 그라나다로 돌아갔다. 이번엔 조금 더 긴 시간을 머물기 위해.

그라나다에 돌아온 첫날, 알바이신 언덕에 자리한 숙소에 짐을 풀고 곧장 산끄리스또발 전망대를 향해 올라갔다. 높은 곳에 올라 도시와 인사를 나누고 싶었다. 미로처럼 이어진 좁은 길을 따라 언덕을 오르는 동안 알 수 없는 설렘과 두려움이 마음을 가득 채웠다. 전망대에 도착하니 그리웠던 도시의 풍경이 펼쳐졌다. 지난 여행에선 오지 못했던 곳이기에 생전 처음 본 풍경임이 분명할 텐데도 제자리를 찾은 물건처럼 비로소 완전해진 기분이었다. 그때에야 나는 이제껏 그라나다를 사랑해 왔음을 깨달았다. 멈춰 있던 그라나다와의 시간이 다시 흐르기 시작했다.

두 번째로 그라나다에 머물던 30일은 그라나다에 돌아온 이유를 찾기 위한 시간이었다. 나는 도시를 사랑하면서도 이유를 알지 못했다. 그 이유를 찾기 위해 매일 도시를 탐험했고, 남기고 싶은 풍경을 마주하면 거리에 앉아 재료를 펼치고 그림을 그렸다. 지도 없이 무작정 걸어 다니며 뜻밖의 발견을 하는 매일이었다. 지칠 때까지 언덕을 올라 높은 곳에 가보기도 하고, 버스를 타고 먼 시가지에 다녀오거나 마른 계곡 길을 걸어보기도 했다. 아라빅

거리에 앉아 사람을 구경하기도 하고, 대성당 앞 광장에서 플라멩꼬를 보기도 했다. 낮의 일정은 매일 바뀌었지만, 오후의 일정은 늘 비슷했다. 나는 저녁이 될 때면 석양을 보기 위해 산끄리스또발 전망대를 찾았다. 그라나다의 석양이 특별한 이유는 바다가 아닌 대지 위에 드리워진다는 점이다. 넓게 펼쳐진 평야가 하늘의 빛에 따라 변화하는 모습은 매 순간 매혹적이다. 나는 매일 알바이신 언덕의 가로등이 도미노처럼 점등하던 순간을 기다렸고, 점차 푸르게 어두워지는 땅 위로 은하수처럼 떠오르던 먼 도시의 빛을 바라보았다. 그러다 석양의 순간이 지나가고 밤이 찾아오면 언덕 너머의 산니꼴라스 전망대로 향했다. 한적한 산끄리스또발 전망대와 달리 산니꼴라스 전망대는 늘 관광객과 노점상, 거리의 예술가들로 북적였다. 달처럼 빛나는 알람브라 궁전을 배경으로 사진을 찍는 사람들을 구경하다 조금 더 깊은 밤이 되면 알리아따르 광장 Plaza de Aliatar의 벤치에 앉아 거리 예술가의 기타 연주를 들었다. 그의 레퍼토리가 모두 끝나면 숙소로 돌아와 열린 창을 닫고 하루를 정리했다. 그렇게 하루는 아주 단순해졌다. 그 나날 속에서 그라나다는 나에게 그림으로 하루를 채우는 방법을, 행복한 하루를 만드는 방법을 알려주었다. 미처 알지 못했던 행복의 레시피들이 그라나다의 골목 어귀마다 자리하고 있었다. 어쩌면 나의 영혼은 지난 여행에서 도시의 속삭임을 엿듣고 내내 그라나다를 그리워했던 것인지도 모른다.

 행복한 하루를 쌓아가는 한편으로 나는 남은 사탕의 수를 세어보는 아이처럼 그라나다에 머무를 수 있는 날을 하루씩 꼽으며 아쉬워했다. 기쁨과 아쉬움이 손을 잡고 힘겨루기를 하던 그때, 그라나다를 사랑했던 또 다른 화가를 알게 되었다. 알바이신 언덕을 걷다 보면 벽에서 '까르멘carmen'이란 단어로 시작하는 명패를 볼 수 있다. 까르멘은 두껍고 높은 흰 벽으로 사방에 담을 두르고 그 안에 아름다운 정원과 뒤뜰이 있는 그라나다식 전통 가옥을 의미한다. 그 까르멘 중 한 곳은 화가 막스 모로Max Moreau의 집이다. 그는 그라나다를 사랑해 고향 벨기에를 떠나 그라나다에 정착했고, 세상에 작별을 고하는 날까지 30년간 이 도시에 머물렀다. 그는 사후 전 재산을 시에 기부했고, 그라나다는 그 사랑에 보답하기 위해 그가 남긴 집을 박물관으로 만들어 그의 생을 기리고 있다.

내가 그의 박물관을 발견한 건 우연한 일이었다. 산니꼴라스 전망대에서 알람브라 궁전을 그린 뒤 숙소로 돌아가던 길이었다. 어쩐지 평소와 다른 길을 걸어보고 싶은 마음에 멀리 돌아가는 길을 택했고, 그 길 위에서 박물관을 발견했다. 늘 까르멘 안이 궁금했기에 고민 없이 들어가 박물관을 살펴보았다.

예쁜 타일이 깔린 정원엔 제라늄 꽃이 활짝 피어 있었고, 내부엔 그가 사용했던 가구와 도구들이 전시되어 있었다. 화가의 손길이 느껴지는 집을 살펴보는 동안 그처럼 오래오래 그라나다에서 살아보고 싶은 마음이 들었다. 그의 삶이 몹시 부러웠다. 그는 이 집에서 어떤 하루를 보냈을지를 상상하며 박물관에 머무르다 벽에 적힌 "No hay nada como la pena de ser ciego en Granada."라는 글귀를 보았다. 그라나다에 대한 말인 것 같아 찾아보니 멕시코 시인 프란시스코 이카사 Francisco A. de Icaza가 남긴 말로 '그라나다에서 볼 수 없는 것만큼 슬픈 것은 없다.'라는 뜻이었다. 박물관을 떠난 후로도 마음속에 남아 잊히지 않는 문장이었다. 나는 그 문장에 기대어 막스 모로의 생을 상상했다. 사랑하는 도시에 머무는 예술가의 생애를….

 매일 아침 창문 너머로 보이는 알람브라 궁전, 아름다운 하늘의 색감과 싱그러운 과실의 채도, 풍성한 초록의 초목, 공기를 떠도는 바람의 향기와 너울너울 날아오는 멜로디. 오래된 도시의 품에 안겨 변치 않는 아름다움 속에 머물며 그는 마치 영원을 거니는 듯했을 것이다. 오늘의 풍경은 어제만큼 아름답고, 내일 또한 그러하리란 확신 속에서 화가의 영혼은 풍요로웠을 것이다. 그러나 인간의 몸은 영혼보다 빠르게 늙어가고, 붓끝의 예리함은 눈의 피로와 어깨의 통증에 무뎌졌을 것이다. 사랑하는 도시의 풍경이 매일 조금씩 흐려지는 시선 속에서 화가는 무엇을 느꼈을까. 어느새 나는 화가의 집에 걸린 문장을 같은 마음으로 써 내려가고 있었다. 나에게도 그라나다를 볼 수 없는 순간이 다가오고 있었으므로.

 이전의 떠남보다 이번의 떠남이 더욱 슬프게 다가왔다. 그라나다를 사랑하는 마음을 깨닫고 난 뒤의 떠남은 마치 이별처럼 느껴졌다. 그라나다의 기억이 흐려질 언젠가의 미래가 슬펐다. 그러나 그라나다에서의 남은 날들을 슬픔에 잠겨 보내고 싶지 않았다. 짧은 시간일지언정 사랑하는 도시에서의 시간을 아름답게 보내고 싶었다. 막스 모로가 보낸 30년의 세월마저 충분하지 않았다면, 결국 머문 시간의 길이와 상관없이 영원히 머무르고 싶은 순간의 끝은 찾아올 것이다. 마치 떠오른 해가 저물듯 막을 수 없는 일이다. 그러나 화가로서 한 도시를 슬플 만큼 사랑할 수 있음은 얼마나 큰 행운일까. 3일, 30일, 그리고 30년. 머무른 시간의 길이와 상관없이 찾아온 사랑의 순간과 다가올 상실의 순간, 두 시공간의 점을 이으며 나는 영원히 머무르고 싶은 도시의 풍경을 마주했다.

 나는 남은 날 동안 사랑하는 도시를 감각했다. 이 도시를 그리워할 언젠가의 나를 위해 오감을 열어 도시의 낮과 밤을 기억의 강 아래에 새겨 넣었다. 그리고 그라나다에서의 마지막 밤, 언덕을 올라 석양을 바라보았다. 언젠가 30일보다 긴 시간을 사랑하는 도시의 품 안에서 머무를 수 있을까? 언젠가 그라나다만큼 사랑하는 또 다른 도시를 만나게 될까. 만약 그라나다를 마주하지 못했더라면, 나는 사랑하는 도시에 머무르는 기쁨도, 예정된 슬픔을 기꺼이 끌어안는 환희도, 언덕 위에 두고 온 작별의 마음도, 무엇도 모른 채 막연한 상실 속에 머무르고 있었으리라. 나의 사랑하는 그라나다, 언젠가 다시 이 언덕을 올라 변함없이 아름다운 석양을 마주할 수 있기를. 그런 행운이 나에게 다시 한 번 찾아오기를. 나는 그렇게 재회를 꿈꾸며 도시와 작별했다.

 이제 다시 눈을 뜨며 나는 나의 도시를 추억한다. 이 글을 읽는 당신에게도 언젠가 알바이신 언덕의 눈부신 풍경이 찾아오기를, 찬란히 저물어가는 그라나다의 석양을 당신이 마주하기를, 또한 그 풍경이 당신에게도 사랑스럽기를.

우연히, 하지만 운명처럼
Córdoba

이현수

📷 nortoncat

국문학을 전공하고 잡지 기자, 출판 에디터 같은 일을 오래 했으나, 잘못된 길이 아니었을까 뒤늦게 후회하며 여행을 다니기 시작했다. 여행으로 간 뉴욕에서 무거운 엉덩이로 10년을 눌러앉고는 『마시는 사이』, 『뉴욕 쇼핑 프로젝트』 같은 책을 내더니 언젠가부터 스페인을 기웃거리다 최근 8번째 스페인 여행을 마쳤다. 왜 스페인이냐고 물으면 '가보면 안다'고 대충 답하는데, 그보다 좋은 답은 없기 때문이다.

시작은 '애증의 스페인'이었다. 오래되고 소중했던 어떤 관계의 10주년을 기념해 계획했던 스페인 안달루시아 여행이 관계의 종말과 함께 날아갔으니, 스페인에 가보기도 전에 스페인을 미워했던 그 마음도 지금은 이해가 간다. 아니, 이해 못 한다. 후에 여러 겹의 상처를 덮고 드디어 처음 스페인에 당도했을 때 바로 알았다. 어떻게 미워해, 어떻게. 그 후로 기회만 있으면 어떻게든 스페인에 가려고 안간힘을 쓰고 있고, 심지어 작년에는 스페인에 세 달이나 머물렀으며, 올해 또 여덟 번째 스페인행을 앞두고 있다.

이런 나를 지켜본 친구들은 묻는다. 대체 왜 스페인이야? 이 글을 읽는 사람이라면 또 물을 것이다. 왜 꼬르도바야? 스페인의 많고 많은 도시 중에 왜 꼬르도바에 대한 글을 쓰고 있냐고. 평소 '좋은 걸 좋다고 말하기'에 대해서라면 망설이지 않고 줄줄 읊어대는 사람이지만, 이상하게도 이 끝없는 질문 앞에서는 늘 망설이게 된다. 뭐… 아름답고… 먹을 게 지천이고… 이런 식으로 얄팍하게 대답할 수 밖에 없다. 이상하고도 강력하게 언제나 그곳으로 나를 끌어당기는 그 힘의 정체에 대해서. 그냥 혼잣

말 중얼거리듯이 읊조리는 수밖에.

 처음 꼬르도바에 가게 된 건 좀 우연이었다. 한국에서 직장 생활을 할 때는 일에 너무 치여서, 뉴욕에서 살게 되면서부터는 그냥 낯선 곳에서 사는 삶 자체에 치여서, 여행을 계획한다는 것이 그리 쉽지 않았다. 게다가 그 끝난 관계에 대한 앙금 같은 것 때문에 스페인은 고려 대상이 되지 못했다.

 그러던 어느 날 한국에 보낼 원고를 쓰다가 정말 갑자기, 왜인지 모르겠지만 느닷없이, 혼자 스페인에나 가볼까 하는 생각이 문득 들었다. 어디서 주워들은 풍월을 긁어 모아 일단 큰 그림부터 대애충 그려봤다. 다행히 뉴욕에서 마드리드 가는 비행편은 아주 비싸지도 않고 또 비행 시간도 길지 않았으므로 마드리드 프라도 미술관만 후딱 보고 바로 남쪽으로 내려가 세비야에서 시작하는 여행 루트를 잡았다. 마드리드-세비야-그라나다-바르셀로나. 이 스페인 101 초급반 같은 코스에서 핵심 과제는 1) 세비야에서 적어도 3박(이미 그곳을 다녀온 친구가 마드리드 일정을 줄이고 세비야를 늘리라고 해서 그랬을 뿐, 별다른 계획은 없었음.) 2) 알람브라

3) 가우디 정복 정도였다.

 세부적인 계획들이 하나씩 세워지자 혼자 가겠다는 포부는 온데간데없이 증발하고 갑자기 겁이 스멀스멀 기어 올라오기 시작했다. 그전에 혼자 어디 여행 간 적도 거의 없는데(사실 혼자 하는 여행 같은 거 좋아하지도 않고) 그것도 낯설디낯선 스페인인 데다 '올라'와 '올레'조차 헷갈리는 스페인어 실력으론 '여러 도시를 혼자 다니는 멋진 나' 같은 장면은 도무지 상상이 안 되는 거다. 서울에 있는 친구에게 연락했다. 내가 대략 계획은 세웠는데 말이지, 합류할래? 너 바르셀로나밖에 안 가봤다며. 난 안달루시아에 갈 거라고.

 그 친구를 택한 건 나름 이유가 있었다. 설사 내 계획이 구린 것으로 판명된다 하더라도 절대 불평하지 않을 무난한 성격의 소유자. 고등학교 이래 오랜 관계를 유지하고는 있지만 서로 사는 게 바빠 여행을 함께 한 적은 거의 없음. 그리고 제일 중요한 이유, 내가 한국을 비운 긴 시간 동안 이 친구는 자신에게 주어진 힘든 일들과 혼자 싸워야만 했고, 그때 친구 곁에서 도움이 되지 못한 것에 대한 죄책감이 내게 있었다. 뭔가 이 여행으로 보상하고 싶다…! 다행히 친구가 오케이 사인을 보내서 나는 뉴욕에서, 친구는 서울에서 출발해 마드리드에서 만났다.

MBTI J 유형인 것치고는 엉성하게 짜놓은 내 계획에도 친구는 불안하거나 불편한 내색을 보이지 않았다. 자, 마드리드! 필수 코스(프라도, 레이나 소피아 등 뮤지엄 위주로) 찍고 바로 세비야! 일단 4박을 잡아놨는데, 세비야 성당 말고는 별다른 일정이 없었다. 근처 소도시나 한번 가볼까?『꽃보다 할배』에서 론다가 너무 멋있었으니까 거긴 가는 걸로 하고, 또 한 군데 정도 더 가면 좋을 것 같은데?

그때까지만 해도 꼬르도바는 선택지에 없었다. 말라가? 마르베야? 미하스? 까디스? 그러다 낙점된 곳이 꼬르도바였다. 그중 세비야에서 제일 가깝고 교통도 편하다는 단순한 이유였다. 앞서 말했듯 세비야(와 론다)-그라나다와 알람브라-바르셀로나와 가우디에만 온 신경이 집중되어 있었던 터라, 꼬르도바는 부록 같은 느낌이었다. 하지만 기차로 꼬르도바에 당도한 그 순간, 나는 바로 후회했다.

여길 왜 당일치기로 온 거니….

 생각해보면 모든 곳이 그러했다, 적어도 내게는. 무리하게 욕심을 부린 일정 때문에 어딘가에 머물지 못하고 스치듯 떠나갈 때면 언제나 후회했다. 이곳의 밤을 보았더라면, 새벽의 풍경을 느꼈더라면…. 론다에 처음 갔을 때도 버스 시간에 쫓겨 밤에 보는 누에보 다리나 새벽에 걷는 헤밍웨이 산책길을 포기해야 했다. 두 번째, 세 번째 론다에 갈 때마다 하루씩 머물렀던 것도 그 미련을 버리지 못했기 때문이다. 꼬르도바도 그랬다. 백 장의 사진으로도 담을 수 없는 메스끼따Mezquita-Catedral de Córdoba 안에서 점심 시간을 놓쳐버렸고, 40도를 오르내리는 여름날의 뙤약볕 아래서 주린 배를 쥐고 땀인지 미련인지 모를 것을 로마교 위에 철철 흘리며 첫 꼬르도바를 뒤로했다.

 꼬르도바는 안달루시아의 많은 지역이 그렇듯 이슬람과 가톨릭이 교묘하게 뒤엉켜 있는 곳이다. 고대 로마 시대에서 비잔티움 제국으로, 이슬람 제국에서 스페인 레콩키스타를 거쳐 가톨릭 까스띠야 왕국으로, 숱한 부침의 흔적들이 곳곳에 고스란히 남아 있다. 심지어 스페인에서 몇 안 되는 유대교의 흔적까지 담고 있는 곳이기도 하다. 이슬람 모스크였다가 가톨릭 성전으로 바뀐 메스끼따를 두 극과 극의 충돌이라고 해야 할지 조화라고 해야 할지 혼란스럽지만, 그 묘함은 분명 절대적 신비함에 맞닿아 있었다. 두 번째로 꼬르도바를 찾은 것도 결국은 장엄, 웅장, 압도, '대단하다'는 뜻의 모든 단어를 다 갖다 대도 모자랄 이 메스끼따 때문이었지만, 사실 나를 위한 것은 아니었다.

오랫동안 병으로 고생하신 엄마가 돌아가신 후, 아팠던 엄마를 제외하면 가장 고생했던 아버지를 위해 내가 할 수 있는 건 아버지가 제일 좋아하는 일을 함께하는 것이었다. 여행. 첫 번째 스페인 여행 이후 이런저런 지역으로 몇 번 더 스페인에 왔었으므로 아버지한테 제일 자신 있게 내밀 수 있는 게 스페인 여행 카드였고, 특이한 조합으로 여섯 번째 스페인행 계획을 세웠다. 여기서 특이하다 함은 여행지를 말하는 것이 아니라, 그야말로 '조합', 함께 여행하는 사람들의 구성이었다. 아버지와 나, 그리고 첫 스페인행을 함께했던 고등학교 동창, 잡지사 에디터로 일하다가 알게 된 내 후배이자 아버지의 까마득한 대학 과 후배, 그렇게 넷. 심지어 두 친구는 서로 만난 적도 없는 사이였다. 발단은, 운전해서 여러 곳을 다니고 싶지만 아버지를 모시고 가면서 보조 없이 혼자 운전할 수는 없다는 거였다. 누군가는 운전을 하고 누군가는 길을 봐주고 (아버지는 내비게이션을 못 보신다.)… 아, 그럼 아버지는 누가 챙기지? 마침 팟캐스트 『여자 둘이 토크하고 있습니다』 방학 기간 중 여행지를 고르던 후배가 "나도 같이 갈까?"라며 따라붙었다. 이렇게 친구 아버지와 함께하는 이상한 4인조 여행단이 구성됐다. 두 번째 꼬르도바도 역시 좋았다. 비록 비바람이 몰아쳤지만 적어도 첫 번째처럼 굶지는 않는 여행이었다. 메스끼따의 경이로움에 압도된 아버지의 표정을 보는 것만으로도 좋았다. 비가 잠시 그친 사이 알까사르 앞에 쭈그리고 앉아 아버지와 사진을 찍었다. 찍어줄 친구가 있어 더 좋은 두 번째 꼬르도바였다.

하지만 제일 좋았던 꼬르도바는 세 번째, 이틀 밤을 머물렀던 작년 봄의 여행이었다. 스페인에 대한 지나친 사랑은 나를 아예 3개월이나 스페인에 눌러앉혔다. 마드리드에서 그저 길거리를 배회하고 레티로 공원을 산책하면서 책이나 읽겠다는 무계획은 갑자기 일주일 단위의 스페인어 학원을 등록하면서 급속도로 바뀌기 시작했다. '일주일만 하긴 아까우니까 한 주 더 할까?' 하다 보니 3주, 4주, 무슨 델레DELE* 시험이라도 앞두고 있는 사람처럼 가열하게 스페인어를 공부하고 있었고(그래봤자 '나는 학생입니다', '나는 한국에서 왔습니다' 수준.), 주말의 휴식이 간절해지기 시작했다. 이유도 목적도 없는 이 '열심'이 내가 버리고 싶은 점이자 한편으로는 장점이기도 해서, 주중을 더 열심히 살기 위해 주말을 알차게 채우기로 결심했다. 어느 주말은 똘레도, 다음 주말은 세고비아, 그리고 아빌라, 엘에스꼬리알, 살라망까, 친촌, 사라고사, 발렌시아… 마드리드에서 갈 만한 곳들로 주말을 채우다 보니 어느새 생일이 다가오고 있었다.

마침 생일이 토요일이라 혼자 생일 여행을 떠나기에 딱이었으나, 어디에 갈지 마땅히 떠오르는 곳이 없었다. 그간 마드리드가 이상 기온으로 추웠어서 따뜻한 곳에 가고는 싶은데….

그러다가 갑자기 40도 더위로 나를 혼절 직전까

---

* Diploma de Español como Lengua Extranjera 외국어로서의 스페인어 증서

지 몰았던 꼬르도바가 생각났다. 밤의 꼬르도바가 보고 싶다! 마침 꼬르도바에서는 내 생일을 맞아(!) 정원 축제*가 열리고 있었다. 사실 꼬르도바 명물인 '화분들이 매달린 벽'을 그간 제대로 본 적이 없었다. 한 번은 너무 더워 꽃이 말라 버려서, 한 번은 비 오고 추워 꽃이 떨어져서. 그런데 꼬르도바 빠띠오patio(스페인식 안뜰) 축제라니.

메스끼따는 좀 뒤로 미루고, 남의 집 꽃 구경부터 하기로 했다. 공공장소뿐 아니라 개인 집까지 담은 총 6개 루트의 축제 지도를 들고 골목 탐험을 시작했다. 빠띠오를 공개하는 집들엔 어김없이 긴 줄이 늘어서 있었다. 꽃보다 그 빠띠오를 가꾼 주인의 자부심 넘치는 얼굴 구경이 더 재미있어질라치면, 술집으로 빠져 따빠를 씹으며 시원한 화이트 와인을 마셨다. 슬슬 이 집 빠띠오나 저 집 빠띠오나 뭔 차이일까 싶어질 즈음, 빠띠오 집 앞에 붙은 축제 포스터가 눈에 들어왔다. 처음엔 무심히 지나치다가 어느 빠띠오 밖에서 포스터를 유심히 들여다봤다. 어두운 그림 속에서 한 여자가 정원으로 향하는 문 앞에 서서 뚫어지게 나를 쳐다보고 있었다. 어둠 속에서 묘한 빛을 내며 나를 붙잡는 눈.

---

* La Fiesta de los Patios de Córdoba

그때, 그 어느 때보다도 그때, 나는 이 도시와 사랑에 빠졌다.

갑자기 이 포스터의 그림이 궁금해졌다. 아래 조그맣게 꼬르도바 출신 작가 훌리오 로메로 데 토레스Julio Romero de Torres의 작품이라고 적혀 있었다. 찾아보니 꼬르도바에 그의 뮤지엄이 있는 거다. 오…? 꽃 구경을 접고 훌리오 로메로 데 토레스 뮤지엄으로 향했다. 뮤지엄은 그의 집이자 정원이자 안식처였다. 화가였던 아버지로부터 받은 영향으로 다른 형제들과 함께 그의 인생은 태어나면서부터 정해져 있었다. 초기엔 종교화나 상업 포스터 같은 작품들도 많이 그렸으나 후기로 가면서 점점 그림에 어둠이 드리우기 시작한다. 세계1차대전 참전 때문이었을까, 아니면 말년에 얻은 병 때문이었을까. 어쩐지 슬프게 느껴지는 여성들의 그림(주로 아내를 모델로 했다.)을 지나다 보면, 축제의 포스터가 된 그림을 만난다. 어두운 눈으로 서 있는 여자, 비스듬히 기대어 앉아 있는 나이 든 여자와 어린 여자아이, 빛이 없는 세 사람의 검은 공간 뒤로 어스름한 빛을 담은 정원이 보인다. 작은 포스터만 볼 때는 우울하게 느껴졌던 그림의 얼굴들을 제대로 자세히 보니 어쩐지 슬픔만 담고 있진 않다. 응, 무엇보다 내 생일이니까 그렇게 생각하고 싶지 않다. 뮤지엄을 나와 아름다운 정원에 한참 머물렀다. 그 어둠은 내 뒤틀린 상상이었을지도 모르겠다. 무엇보다 꼬르도바가 너무 그를 사랑해 사후에 바로 기념관도 세우고 지폐에 얼굴도 넣었을 정도니까. 꼬르도바가 그토록 사랑한 사람인데, 꼬르도바를 사랑하는 내가 어찌 빠지지 않을 수 있을까.

 내 첫 번째 '밤의 꼬르도바' 한편에서 음악 소리가 들려온다. 그 지역 사람들만의 작은 플라멩꼬 한판, 구경하던 사람들 중 몇이 그 춤에 합류해 "올레!"를 외치며 발을 구른다. 스페인 사람이라면 그냥 누구나 플라멩꼬쯤은 가볍게 출 수 있는 거야? 한참 엇박자를 맞추며 춤을 지켜보다 자리를 떠서 로마교로 향한다. 어둑한 메스끼따와 로마교 사이에서 버스커 몇이 자신의 목소리나 악기 소리가 방해되지 않을 정도의 거리를 지키며 꼬르도바의 밤을 음악으로 채운다. 호텔로 돌아가기 아쉬워 자리를 옮겨 다니며 오래도록 음악을 들었다. 생일 밤의 꼬르도바, 이렇게 완벽한 생일 선물이라니.

빌바오,
천천히 걸을수록 선명해지는
Bilbao

더드로잉핸드

📷 thedrawinghand.viva

2012년 런던에서 그림 그리는 삶을 시작하며 '더드로잉핸드'라는 이름을 챙겼다. 이후 서울 생활기를 거쳐 어디서든 그리는 사람이길 바라며 2019년에 스페인 바스크 지역으로 이사를 했다. 특별한 준비 없이 도착한 스페인에서의 삶은 아름답고도 어렵다. 특히 나의 스페인어는 여전히 관광객 수준 정도라 서글프다. 그래도 매일 드로잉북을 펼쳐 페이지를 채우고 종종 떡볶이를 만들어 먹으며 빌바오에서 나만의 일상을 찾고 있다.

기억나지 않는다. 아무리 애써봐도 여전히 흐릿할 뿐이다. 처음으로 빌바오를 비롯한 스페인 북부 바스크 지역을 방문한 것은 16년 전이다. 오래전 일이라 기억이 안 나나 싶지만 같은 해에 다녀온 안달루시아 여행에서 받은 첫 느낌이 생생한 걸 보면 단순히 내 부족한 기억력 탓만은 아닌 것 같다.

오해는 마시라, 바스크 여행 자체는 분명 좋았다. 현지인 친구가 안내하는 풍경은 내가 이미 알고 있던 스페인과는 달랐다. 한 나라 안에서 느껴지는 북쪽과 남쪽의 그 확연한 온도 차가 신기하고 재미있고, 또 약간 혼란스러웠다. 짧은 일정 동안 바스크의 크고 작은 도시와 마을을 돌아봤다. 분명히 빌바오에도 왔었다. 바스크에서 가장 큰 도시라는 빌바오, 그 유명한 구겐하임 미술관이 있는 빌바오를 지나쳤을 리가 없는데…. 아, 스멀스멀 기억난다. 가을이지만 꽤 더웠고, 프라푸치노 한 잔을 마시고 싶었다. 그런데 빌바오에는 스타벅스가 없었다. 이 사실을 믿을 수 없어 나는 구글 창에 검색까지 했고, 바스크 그 어디에도 스타벅스가 없다는 걸 확인했다.

한국에서 오랜 시간 유행하고 있는 연애 예능 프로그램에 다양한 스페인 도시가 참가자로 등장한다고 상상해 보자. 마드리드, 바르셀로나, 세비야, 발렌시아, 말라가, 그리고 빌바오. 과연 첫 호감도 투표에서 빌바오는 몇 표나 받을 수 있을까? 안타깝지만 내 예상은 0표….

"그때 나는 이 도시와 사랑에 빠졌다." 이렇게 말할 수 있다면 정말 좋았을 텐데…. 당시 여행에서 가장 기억에 남은 것은 바스크 문화와 역사를 전혀 모르는 내게 최대한 많이 보여주고 알려주려고 애쓰던 그의 눈, 하늘과 바다 사이 그 어딘가와 닮아 있는 푸른 눈이었다.

2025년 현재, 빌바오는 더 이상 스타벅스 하나 없는 도시가 아니다. 그사이 지점이 네 개나 생겼다. 변화는 우리에게도 있었다. 바스크를 열정적으로 보여준 푸른 눈의 인연과는 연인이 되었고, 우리는 긴 연애 기간만큼 많은 장소를 추억으로 공유하다 마침내 빌바오에 정착했다. 그렇다, 푸른 눈과 나는 빌바오에 산다. 지난겨울 오랜 기다림 끝에 발급받은 거주증 뒷면에 적힌 주소지도 빌바오로 되어 있다. 어느새 빌바오에서 맞는 두 번째 봄이 왔는데 여전히 나는 꾸물거린다. 여보세요, 이미 봄인데요? 아무리 집이 제일 좋은 집순이라도 이렇게 집에서만 보내기 아까운 날씨다. 못 이기는 척 주섬주섬 외출 준비를 한다. 점점 생체 리듬이 계절의 변화와 태양의 활동 시간에 민감하게 반응한다. 포근한 햇살을 따라 외출할 수 있는 날은 유한하다는 걸 아니까 일단 나가보자. 선글라스만 챙겨 나가려다 창밖 흔들리는 나무가 보내는 신호에 얇은 머플러도 서둘러 챙겼다.

언덕에 사는 우리는 산책할 때 시내로 곧장 갈 수 있는 버스 대신 푸니쿨라, 즉 케이블카를 탄다. 산이 많은 바스크에는 도시나 마을 안에도 언덕이 꽤 많은 편이다. 그래서 지역 주민을 위한 에스컬레이터, 엘리베이터, 케이블카 같은 편의 시설을 자주 볼 수 있다. 물론 아르찬다Artxanda 전망대로 올라가는 케이블카처럼 관광을 위한 경우라면 돈을 내야 한다. 언덕으로 이사 온 뒤 이미 수십 번은 탔을 미니 푸니쿨라지만 나는 푸니쿨라를 기다릴 때부터 설렌다. 내게는 푸니쿨라가 나를 집순이에서 여행자로 변신시켜 주는 신비로운 웜홀 같다. 두근두근,

시간 여행 시작 5분 전.

 언덕을 내려가면 빌바오의 중심 네르비온Nervión 강이 바로 보인다. 강 건너편에는 산안똔 교회가 있다. 다리를 건너 교회 앞 모퉁이를 돌 때 시간은 갑자기 거꾸로 흐른다. 바로 빌바오 구시가지, 까스꼬 비에호Casco Viejo의 시작이다. 규모는 크지 않아도 유럽 특유의 매력적인 분위기를 지닌 올드 타운이다. 구시가지는 역시 골목을 걷는 맛! 레스토랑 앞에 걸린 메뉴판도 읽어보고 진열장 위 다양한 삔초스pinchos/pintxos를 곁눈질하며 바르bar 내부 분위기도 살피면서 골목골목 구글 평점 뒤에 숨겨진 보물을 찾는 중이다. 덜컹거리는 나무 테이블만 봐도 연륜이 보이는 카페 옆에 요즘 감성이 물씬 느껴지는 브런치 카페도 있다. 언젠가 찾아올 친구들을 위해 빌바오에서 가볼 만한 곳을 모은 나만의 특별 리스트쯤은 갖고 싶은 마음에 최대한 다양한 장소에 가보려고 한다.

 골목 끝으로 딸랑딸랑 소리를 내며 트램이 지나간다. 리스본의 빈티지한 트램도 좋아하고 빌바오의 매끈한 현대적 트램도 좋아한다. 언젠가 트램이

다니는 도시에 살고 싶다는 소망을 이미 이뤘다. 트램을 타면 창밖 풍경을 볼 수 있어 지하철에서보다 눈이 즐겁고, 도로 위에서 달리기 시합을 하느라 급정거를 자주 하는 버스보다 마음이 한결 평화롭다. 쉽게 조급해질 수 있는 도시의 흐름을 트램이 딸랑딸랑 조절해 준다. 나는 그런 트램이 반가워 마주칠 때마다 멀리서도 마음의 손을 들어 인사한다.

트램 라인을 계속 따라가면 빌바오의 구시가지와 신시가지를 연결해 주는 아레아차Areatza 다리가 있다. 네르비온 강을 지나는 여러 다리 중 가장 바쁜 다리가 아닐까 싶다. 다리를 가운데에 두고 신시가지 쪽에는 쇼핑 거리의 시작인 백화점과 교통의 중심인 아반도Abando 기차역이 있다. 맞은편 구시가지 방향에는 공연을 볼 수 있는 아리아가Arriaga 극장이 있는데 극장 앞 작은 광장에만 가도 음악이 가득하다. 버스킹을 하는 음악가의 노래가 흐르고 랜덤 댄스를 즐기는 사람들의 열정적인 움직임이 공간을 채운다. 바로 옆에는 종종 다양한 행사가 열리는 공원도 있다. 공원에는 놀이터가 있어서 특별한 행사가 없어도 오후가 되면 천진난만한 아이들의 웃음소리로 꽉 찬다.

 꽃을 든 사람들이 하나둘 곁을 지나간다면 그날은 어김없이 꽃 시장이 열리는 일요일이다. 특별한 일정이 없는 일요일에는 늦은 아침을 먹고 꽃 시장에 간다. 시즌마다 다른 제철 꽃을 구경하다 마음을 붙잡는 꽃 한 다발을 사서 꽃보다 더 활짝 웃는 사람들 사이로 들어간다. 화분을 구경하는 아저씨 옆에 검정 푸들 강아지가 얌전하게 앉아 있다. 머리부터 발끝까지 멋이 흐르는 노부부가 커다란 꽃다발을 들고 손을 맞잡고 걷는다. 꽃을 한 송이씩 나눠 들고 끝나지 않을 수다 파티 중인 사람들도 보인다. 고심 끝에 꽃을 고르고 종종걸음으로 어딘가 향하는 소년의 발걸음이 유독 가볍다. 본인을 위해서든 사랑하는 누군가를 위해서든 꽃을 사는 사람의 마음은 꽃향기와 닮았다. 일요일이면 하루 종일 꽃향기가 빌바오 곳곳으로 퍼진다.

 이쯤 되면 외출을 귀찮아하던 게으른 핑계도 흔적 없이 사라진다. 집에서 나올 때 목에 칭칭 감았던 머플러도 이미 풀어 가방에 묶었다. 더 걷고 싶은 날이다. 웃으며 뛰어가는 꼬마와 그 뒤를 쫓아가기 바쁜 어른들, 한 손에는 지팡이를 짚고 또 다른 손은 다정한 누군가의 팔을 잡고 천천히 걷는 할머니, 경량 배낭을 메고 연신 지도를 보는 사람. 그 속에서 조깅하는 사람이 가장 빨리 다가오고 멀어진다. 다양한 옷차림만큼이나 저마다 다른 속도로 걷는 사람들 사이에서 우리도 강변길을 따라간다.

강물을 흔드는 바람과 나뭇잎 사이로 내리는 햇살을 즐기다 보면 어느새 쑤비수리Zubizuri 다리가 나오고, 가느다란 하얀 다리 프레임 사이로 구겐하임 미술관이 보인다. 벌써 루이스 부르주아의 커다란 거미 '마망Maman'이 마중을 나왔다. 만약 시내 중심에 있는 모유아Moyúa 광장에서 구겐하임으로 온다면 제프 쿤스의 꽃 강아지 '퍼피Puppy'가 문 앞에서 기다리겠지. 구겐하임 미술관에 꼭 입장하지 않아도 이렇게 작품들이 항상 밖에서 지나가는 사람들에게 인사를 건넨다. 도시 재생 사업의 주역이라고 인정받는 구겐하임 미술관의 물결처럼 유연한 곡선 디자인은 강과 바다가 만나는 곳에 있는 이 도시와 정말 잘 어울린다. 그래서 날씨, 시간, 체력이 허락하는 한 구겐하임이 보일 때까지 걸으려고 한다. 주변 빛에 따라 다양한 색으로 빛나는 구겐하임은 흐린 날과 맑은 날도 다르고, 하루 중에도 아침부터 저녁까지 시시각각으로 변한다.

 참, 그림 보는 것을 좋아하는 사람에게 꼭 말해주고 싶다. 구겐하임에서 멀지 않은 곳에 미술관이 하나 더 있다고. 빌바오 미술관은 바스크 문화와 예술을 볼 수 있는 흥미로운 장소인데, 구겐하임의 유명세에 밀려 관심을 받지 못하는 것 같아 내심 속상하다. 지금은 대규모 리뉴얼 공사를 하고 있어 특별전은 없지만 기존 상설 전시품과 소장품들을 재구성해서 전시하고 있어 미술관 문은 계속 열려 있다. 방문할 때마다 감동 가득한 마음으로 나오는 공간이라 재단장이 끝나고 새로운 모습을 보게 될 그날이 무척 기다려진다.

 기분 좋은 산책길에서 고민에 빠졌다. 커피 혹은 맥주, 무엇을 마실까? 스타벅스가 아닌 현지 카페라면 어디에서든 커피와 맥주를 나란히 주문할 수 있어 생기는 문제다. 오늘은 맥주로, 쑤리또zurito를 주문한다. 쑤리또는 바스크에서 쓰는 단어로 반 잔 정도 작은 양의 생맥주를 말하는데, 대략 100ml에서 150ml 사이라고 한다. 바스크의 또 다른 재미있는 술 문화 중 하나는 뻰초 뽀떼Pintxo Pote이다. 빌바오에서는 목요일마다 뽀떼pote, 즉 음료와 바스크식 핑거푸드인 뻰초를 할인된 가격으로 먹고 마실 수 있다. 가게마다 정해진 뻰초를 제공하기 때문에 한 곳에 머무르는 대신 여러 바르를 다니면서 즐긴다. 뻰초 뽀떼를 즐길 때도 맥주 작은 잔 쑤리또가 부담 없이 좋다. 맥주 몇 모금에 적당히 기분이 좋아진 우리는 고민한다.

다시 걸을까, 버스를 탈까, 아니면 트램을 탈까?

드로잉북을 펼쳐 빌바오를 그린다. 언제나 유용한 지도 앱이 있지만 여전히 손으로 그린 간단한 지도가 마음속에 단단하게 남는다. 이 도시를 산책하며 발걸음이 느려지고 눈을 맞추고 귀를 기울였던 순간을 생각하며 그린다. 네르비온 강변을 따라 만든 크고 작은 추억은 굳이 자세히 그리지 않아도 보인다. 아직 걷지 못한 골목들도 천천히 업데이트될 테지. 오늘 마신 맥주 쑤리또가 내게 알맞은 알코올 농도인 것처럼 빌바오도 그렇게 충분히 알맞다. 일상 속 적당한 소란과 마음을 기대 쉴 수 있는 쉼

표가 있는 도시. 대도시가 주는 도파민 가득한 자극을 찾아 나갔다가도 빌바오에 가까워질수록 창밖으로 보이는 초록 나무가 촘촘하게 수놓인 산을 보며 평온함을 느낀다. 옆에서 빌바오를 우리 집이라고 부르며 활짝 웃는 푸른 눈을 보니 이제 알겠다. 빠른 속도로 스쳐 가면 놓치기 쉬운 이 도시가 주는 적당히 기분 좋은 달콤함을 매일 맛보며 산다.

그렇게, 천천히 걸으면서, 오늘도 나는 이 도시와 사랑에 빠지는 중이다.

그리고, 삔초바를 열었다
san sebastián

아윤 이네스

:camera: ayoonspalette

종이정원사, 그리는 사람, 불 도노스티아 공동 대표. 늘 뭔가를 그리고 만든다. 서울에서 태어났고, 10년 전 이 도시로 이주하고 나서 바스크 지방의 색채에 매료되어 그림을 그리기 시작했다. 2021년 산세바스티안에서 열린 개인전 '사소한 낙원'을 기점으로 본격적인 창작자의 길로 들어섰다. 식물을 애호하여 마지않아 종이로 식물의 찰나를 영원에 가깝게 기록하는 것을 또 다른 업으로 삼고 있었(?)다.
불 도노스티아를 열기 전까지는….

7년을 만난 두 사람이 있다. 남자는 영화배우이고 여자는 의류 자영업자다.

 남자는 끝없이 오디션을 치르며 선택받아야 하는 삶에 지쳤다. 대학교 시절부터 연기를 해왔지만 자신이 진정 원하던 것은 이것이 아니었을지도 모른다고 생각했다. 점점 사람들 앞에 나서서 스포트라이트를 받는 것이 불편하게 느껴졌다. 자신이 앞에 나서서 주목받기보다 뒤에서 받쳐주는 것이 편안하게 느껴지는 사람이라는 것을 뒤늦게 깨달았다. 그러던 그에게는 요리라는 취미가 있었다.

 모험을 좋아했던 여자는 계속되는 단조로운 삶과 남자와의 관계에 회의를 느끼고 있었다. 지지부진한 사업을 정리하고 새로운 것을 찾아 배우며 삶의 지루함을 타파하는 중이었다.

 이렇게 계속 만나다 별 이변이 없으면 결혼을 하고, 때가 되면 토끼 같은 자식을 낳고, 그렇게 한국에서 함께 늙어가거나, 아니면 결별하거나, 둘 중 하나일 거라고 생각했다. 그러나 10년이 흐른 지금, 정신을 차리고 보니 스페인의 산세바스티안이라는 낯선 곳에서 여자는 예술인이, 남자는 요리인이 되어 있다. 여전히 둘이다.

10년의 세월을 이렇게 써놓고 보니 참 간단하게 느껴진다. 무엇이 우리를 이곳까지 이끌었을까. 사실 한국 밖에서 사는 삶에 대해서는 단 한 번도 생각해 본 적 없었다. 주변에 늘 기회만 되면 한국을 떠날 채비를 하고 있던 친구들이 있었지만, 나는 그런 부류가 아니었다. 일단 입맛이 무척 한국적이라 쌀밥과 뜨끈한 국물 없이는 못 사는 데다 집이 전부인 줄 아는 두 표르신을 모시는 이유로 엉덩이가 무거운 쪽에 속했다.

그러다 어느 날 우연히 여행 다큐멘터리의 한 장면을 보았다. 할아버지들이 동굴 같은 사과주 양조장에 모여서 분수처럼 쏟아져 나오는 술을 유리잔에 받아마시며 노래를 부른다. 작은 발코니에 빨래가 나부끼는 유럽의 구시가지 거리. 바르가 즐비한 좁은 골목과 진열대에 가득 들어찬 형형색색의 핑거푸드들, 그리고 바르 안에 가득 찬 먹고 마시는 사람들. 웃고 떠드는 소리가 점점 멀어지며 조개껍데기 모양의 해변이 나타나고, 화면은 초록이 우거진 산으로 옮겨가며 페이드아웃된다.

 그때 나는 이 도시와 사랑에 빠졌다. 몇 초짜리 영상만 보고 덜컥 사랑을 하게 된 것이다. 이곳에 없는 활기가 가득한 곳, 그것이 내가 처음 본 산세바스티안의 모습이었다.

 그 당시 우리는 각자의 영역에서 고군분투 중이었지만 결과는 영 시원치 않았고, 인생은 우리가 마음먹은 대로 흘러가지 않았다. 이렇게 재미없게 나이 들기는 싫었다. 내 인생이 만약 한 권의 책이라면 뒤 챕터에 뭔가 더 있을 것 같은데, 그것이 뭔지 몰라 불안했다. 이미 30대였기에 나이 한 살이라도 더 먹기 전에 무슨 일이라도 벌여야 했다. 흔히들 사람이 인생을 바꾸려면 사는 곳과 만나는 사람, 습관을 바꾸어야 한다고 한다. 덜컥 일을 저지르지 않고는 할 수 없는 일들이 있다. 사는 나라를 바꾸는 것이 그렇다. 극도의 즉흥성을 가진 우리의 선택은, '산세바스티안으로 가자!'

 결정을 하고 나니 일단 고양이들의 동반 출국 가능 여부가 관건이었다. 우리는 두 털뭉치를 떼 놓고는 행복할 수 없다는 결론을 내렸다. 2015년 당시에는 동물을 데리고 이민을 가는 사례가 많이 알려져 있지 않아서 정보가 별로 없었다. 인터넷을 샅샅이 뒤져 서류, 검역, 항공 규정을 알아보고 두려움에 떨며 준비를 했다. 이미 나이가 많아 예민한 묘르신들이 잘 버텨주기만을 바라면서. 그리고 우리는 결혼(식)을 했다. 무엇이 그렇게 급했는지 식 3일 후에(?!!!) 두 마리 고양이와 살림살이를 이고 지고 산세바스티안에 도착했다. 화물칸에서 여러 소음과 추위를 견뎌야 했던 두 고양이가 긴 비행 후에 케이지 문을 열고 안도하던 집사들에게 화를 내면서도 물을 할짝이던 장면을 생각하면, 이 털뭉치들이 우리가 걱정하던 것보다는 강했던 모양이다.

한눈에 사랑에 빠져버린 그때는 몰랐다. 내가 반한 다큐 속 그 장면에는 항상 비가 포함되어 있었다는 사실을. 지금 우리는 날씨가 안 좋기로 악명높은 영국 런던보다 비가 많이 오는 곳에 살고 있다. 하늘이 파랗고 날씨가 좋으면 무턱대고 기분이 좋다가 하늘이 어둡고 비가 오면 마음도 어두워진다. 서울에서는 여름 장마 때에도 비가 몇 주씩 계속해서 오지는 않으니 내게 계절성 우울이 있다는 것을 알 수가 없었다. 그런데 우리가 도착했던 1월엔 매일 비가 왔다. 날씨만 좋았다면 쉽게 좋아졌을 그 기분이 좋아질 틈이 없었다. 이곳의 겨울은 한국의 겨울보다 기온은 높지만 비 때문에 체감 온도가 더 낮고, 바닷가 근처라 바람은 거세고 매서웠다. 온돌에 익숙한 내게 유럽의 건물은 실내에서 특유의 스산함이 느껴졌다. 그 시절은 지독하게 습하고 춥고 우울했던 기억으로 남아 있다.

낯선 곳에서의 삶을 힘들게 한 것이 날씨만은 아니었다. 말이 안 통해서, 혹은 단지 동양인이어서 겪은 설움은 지금까지도 잊히지 않는다. 무작정 "니하오", "칭챙총" 하며 지나가는 사람도 있었고, 마트에서는 아무에게도 안 하는 가방 검사를 당하기도 했다. 이민청에 가서 비자 서류 업무를 해결해야 하는 시기가 다가오면 미리부터 이곳저곳 몸이 아프기도 했다. 전부는 아니겠지만 어떤 이민청 공무원들은 정말 무기력하고 불친절해서 이민청에 방문할 생각만 해도 스트레스가 쌓였으니까.

하지만 조금의 적응 기간이 지나자 긴장된 목소

리로나마 음식 주문은 할 수 있는 정도가 되었다. 그 무렵, 우리를 늘 시험에 들게 하던 뻰초집이 하나 있었다. 구시가지의 '까사 우롤라Casa Urola'. 유명한 맛집이라서 그렇게 콧대가 높았는지 서버가 불친절하기 짝이 없어서 거기에 갈 때면 속으로 다짐하곤 했다. '내가 너한테 뭐 잘못했니? 난 여기 음식이 먹고 싶어 찾아온 사람일 뿐이야.' 언젠가는 유창한 스페인어로 이렇게 말해주고 말겠다고. 그런데 참 사람 일이란 게 알 수 없다. 얼마 후 남편이 바로 그 식당에서 일을 시작하게 된 것이다. 남편은 그 레스토랑에서 총괄 셰프가 될 때까지 꼬박 7년을 꼬박 일했다. 그리고 우리를 그렇게 쌀쌀맞게 대하던 서버 미껠과는 친한 친구가 되었다. 이런 게 인생이 우리에게 건네는 농담이자 선물이 아닐까 싶다.

그렇게 우리는 이 도시의 일부가 되어갔다. 처음 이곳에 왔을 때부터 입버릇처럼 하던 말이 있었다. "언젠가는 여기에 우리의 뻰초바를 열 거야." 그 꿈을 이루기 위해 2년 넘게 자리를 찾아다녔다. 하지만 자리가 마음에 들면 예산이 안 맞고, 예산에 맞는 곳을 발견하고 가보면 인테리어 비용이 더 들

것 같았다. 수시로 부동산 어플을 열고 무수한 메시지를 보냈다. 기껏 약속까지 잡았다가 허탕 치는 나날이 이어졌다. 자리가 잘 나지도 않거니와, 조금 괜찮은 곳이 올라와서 줄을 서고 대기해도 외국인에게는 기회가 주어지지 않았다.

정말이지 이제는 아무 곳이라도 잡아야 한다고 생각하던 절박한 때였다. 남편의 요리학교 선생님을 통해 24년간 한자리를 지키며 바르를 운영해온 노부부가 은퇴를 앞두고 있다는 소식을 들었다. 운이 좋게도 주인 할아버지와 직접 만나 좋은 시간을 보낼 수 있었고, 남편은 계약에 앞서 두 달간 그곳에서 일을 도왔다. 오랜 단골들과 미리 얼굴을 트고, 가게가 돌아가는 모든 상황을 익히며 신뢰를 쌓아갔던 것이다.

그렇게 우리는 24년의 역사가 깃든 동네의 참새방앗간을 물려받게 되었다. 그 긴 세월 한자리에서 꿋꿋하게 업을 이어온 안또니오 가족들에 대한 존경심이 절로 들었다. 오래된 단골들을 위해 하루라도 빨리 문을 열어야 했기에, 우리는 한국인의 특성을 발휘해 번개처럼 5일 만에 가게를 열었다. 물론 디테일에 집착하는 예술가인 내게는 오래된 흔적 위에 페인트칠만 겨우 하는 이 과정이 무척이나 괴로웠지만. 이제는 쉬고 싶다던 노부부께서 공사 기간에도 매일같이 들러 전구를 갈아주시는 등 자잘한 일을 도와주셨던 것을 생각하면, 이 모든 과정에 얼마나 많은 분들의 도움이 있었는지 새삼 깨닫게 된다. 우리는 참 복이 많은 사람들이다.

뻰초바 '불 도노스티아', 이제 우리는 이 도시의 한편에 우리만의 불을 밝혔다. 주인이 외국인으로 바뀌어도 동네 사람들이 계속 와 줄까, 긴장과 설렘으로 가득했던 첫 주가 정신없이 흘러갔다. 고추장 소스를 곁들인 한국식 핫도그 뻰초가 예상외로 좋은 반응을 얻고 있는 것을 보며 안도의 한숨을 내쉰다. 지금은 일손이 부족해 나 역시 주방에서 접시에 하몬을 올리고 바스크 소시지에 치즈를 말고 있지만, 머지않아 남편이 자신만의 리듬을 찾으면 나는 작업실로 돌아가 이 공간의 벽을 채울 그림을 그릴 것이다.

글을 쓰며 지난 10년을 돌아보니, 이 모든 과정이 마치 변덕스러운 산세바스티안의 비와 같았다는 생각이 든다. 한국에서는 비 한 방울 맞으면 큰일 나는 줄 알았던 유난스러운 인간이, 이제는 흩날리는 비 정도는 우산 없이 맞는 것이 상책임을 안다. 이십 대의 나였다면 밖으로 놀러 나가지도 못하게 매일같이 쏟아지는 비를 원망하며 떼를 썼을 것이다. 하지만 내가 의자에 엉덩이를 붙이고 앉아 작업을 하게 만든 것도, 그 덕에 잊고 있던 그림을 다시 시작하게 해준 것도 바로 이 비였다.

 물론 지금도 "또 비야…." 하고 탄식할 때가 없진 않지만, 비 온 뒤에 뜨는 무지개를 비가 보내주는 깜짝 선물처럼 여기게 되었다. 과거의 철딱서니 없던 자아는 오랜 해외 생활과 그만큼 늘어난 나이에 밀려 사라진 것일까. 소수 인종으로 살며 타인을 더 깊이 이해하게 되었고, 세상에 당연한 것은 없다는 단순한 진리를 배웠다. 누가 더 잘나고 못난 것 없이 그저 누구에게나 각자의 삶이 있고, 그 삶은 모두 소중하므로 그저 주어진 삶에 감사하자고 생각하게 되었다. 그러면서 과거의 나보다 지금의 내가 더 좋다고 말할 수 있게 되었다. 어쩌면 이런 성장이 이 도시의 비가 내게 준 양분이었는지도 모르겠다. 지금 내리는 이 비 없이는, 내가 사랑하는 이 도시의 짙은 초록도 없을 테니까.

오늘도 우리는 바스크와 한국 사이 그 어디쯤에서 열심히 달리고 있을 것이다. 고군분투는 여전히 현재 진행형이지만, 이제는 가족 같은 친구들이 곁에 있어 덜 외롭고, 분투 사이사이 아름다운 쉼의 순간들도 많아졌다. 이 글을 읽는 누군가가 언젠가 산세바스티안의 낯선 골목을 걷다 한국의 맛이 담긴 뻰초 하나를 마주하게 된다면, 그것은 아마도 이 도시의 비와 햇살 속에서 치열하게 삶을 일군 두 이방인의 서툰 사랑 고백일 것이다.

+

산세바스티안에서 16살, 18살의 나이로 지구에서의 소풍을 마치고 고양이별로 돌아간 우리의 털 자식들 반디와 태풍이에게 이 글을 바친다. 넷이라서 힘들던 그 시절을 버틸 수 있었다.

이제
당신의
스페인을
들려주세요.

¡Nos Vemos!

tapas series 1

그때 나는 이 도시와 사랑에 빠졌다

©가율, 구민정, 김호영, 더드로잉핸드, 바씰, 아윤 이네스, 어다은, 이진희, 이현수, 정주환, 2025.
All rights reserved.

초판 1쇄 발행	2025.11.01
지은이	가율, 구민정, 김호영, 더드로잉핸드, 바씰, 아윤 이네스, 어다은, 이진희, 이현수, 정주환
편집	다미안
표지 그림	가율
표지 디자인	김현경(웜그레이앤블루)
내지 디자인	에바
펴낸곳	살리다(SALIDA)
펴낸이	천민경
전자우편	salida_de_salida@naver.com
인스타그램	@salida_de_salida
ISBN	979-11-959637-5-1 02810

이 책의 판권은 지은이와 살리다에 있습니다.
책 내용의 전부 또는 일부를 이용하려면 반드시 양측의 서면 동의를 받아야 합니다.